KLAUS ZEH
TRINITY

Irland – hautnah! Ein unbekanntes Irland, mit all seinen Idyllen und Abgründen. Ein Kaleidoskop von Geschichten aus dem Blickpunkt eines Irlandkenners, persönlich, abenteuerlich, humorvoll, wehmütig – ganz wie die Insel selbst. Ein warmherziges Liebesbekenntnis zu Land und Leuten, wo Weisheit und Borniertheit nicht weit auseinanderliegen.

Wir lernen philosophierende Trinker, wütende Nordiren, schulverweigernde Väter, sanfte Rebellen, antike Antiquare und ignorante Hitlerfreunde kennen. Fernab von ausgetretenen Touristenpfaden kommen wir an kaum bekannte Orte, schwimmen im kalten Atlantik, genießen Hostelgastfreundschaft und haben immer eine Kanne Tee auf dem Fensterbrett.

Wir werfen einen Blick hinter die Kulissen des Nordirland-Konflikts, steigen auf den Groagh Patrick und nehmen an einer Hochzeitsreise teil, und am Ende bleibt das Torffeuer-Gefühl, einem der alten irischen Geschichtenerzähler gelauscht zu haben.

Klaus Zeh, Jahrgang 1965, ist Schriftsteller und Musiker. Er lebt in Reutlingen. Sein erster Roman *Taxi* erschien 2015. Es folgten *Mozart oder der Fall des Harlekins* und *Lisboa*, sowie die Gedichtbände *Die Leichtigkeit des Windes*, *An Ufern aus Jade* und *Pontoon oder wann immer ich hier sein werde*.

Klaus Zeh

Trinity

Irische Begegnungen

BoD 2020

Für Paul und Roisin,
die vieles ermöglichten,
damals.

Bibliographische Information der Deutschen Nationalbibliothek:
Die Deutsche Nationalbibliothek verzeichnet diese Publikation in der Deut-
schen Nationalbibliographie; detaillierte bibliographische Daten sind im In-
ternet über http://dnb.d-nb.de abrufbar.
© 2020 Klaus Zeh
Herstellung und Verlag: BoD – Books on Demand, Norderstedt
Layout und Umschlaggestaltung: Rainer Gross
Umschlagfoto: © depositphoto.com/trilingstudio
Alle Rechte vorbehalten
ISBN: 9783750442511

Choose the greenest lane, she said,
choose the greenest lane.

A. LAHINCH

Nach absolut wahren Begebenheiten ...
... meistens

Clonbur Song

Wir konnten nur zwei Pubs ausfindig machen. Einer von beiden hatte geschlossen.

„Wir nehmen den", meinte einer der Jungs grinsend und stieß die knarrende Türe auf. Glücklich, bei dem miserablen Wetter überhaupt eine geöffnete Kneipe vorzufinden.

Als wir in Ausgehstimmung aus der Lodge gekommen waren, blies der irische Regen gerade in Böen seitlich von den dunklen Hügeln herunter. Er hatte uns in Sekunden auf dem Weg zum Auto derart durchnässt, dass wir uns total frustriert überlegten, ob wir überhaupt noch losfahren sollten.

H.P. hatte darauf bestanden, noch loszufahren.

Ein gekalkter schlauchähnlicher Durchgang mit erheblichen Schmutzflecken führte in den Schankraum des Pubs. Beim Gehen über den unebenen Steinboden wurde man fast seekrank. Ein Gewölbekeller, zum Pub umgebaut.

Eine Höhle.

Es roch modrig.

Wir, das waren Frankie, den alle Child nannten, H.P., der Dreadlocks bis zum Hintern hinab trug, und Speckes, rotblond, groß, immer freundlich und zuvorkommend. Ich war irre aufgebracht, mit diesen drei Typen nun in Irland unterwegs zu sein.

Wir hatten uns von zuhause aus eine Lodge am Lough Mask gemietet. Alles zu einer Zeit, in der so etwas noch kein Vermögen gekostet hatte. Dort residierten wir wie Fürsten.

Child stand schon an der Theke und bestellte Guinness für drei, ich zog wie immer Tee vor – in Irland keine Schande.

Wir setzten uns an den letzten freien Tisch, nahe bei der Gewölbemauer. Speckes legte die Hand auf die Mauer, verzog das Gesicht und rieb sich die Hand an der Jeans ab. H.P. schüttete sein Bier gierig auf einen Zug hinunter, erhob sich, ging zur Theke und holte sich ein neues. Child grinste zustimmend.

An der Stirnseite des Kellers brannte ein offenes Torffeuer in einem uralten gusseisernen Ofen. Hin und wieder zog ein Faden beißender Rauch aus der Öffnung mitten in den Schankraum. Er krallte sich in der Lunge fest.

Ein Haufen Iren, augenscheinlich Farmer, hockten hier scheinbar seit Jahrhunderten beisammen und palaverten. Wir verstanden nichts.

Ob hier Englisch gesprochen wurde, konnte man nicht mit Bestimmtheit sagen. H.P. meinte, es sei Gälisch, schließlich seien wir im Westen.

Ich fühlte mich fremd hier, jedoch sauwohl und doch irgendwie dazugehörig.

Wir kamen aus dem Staunen nicht heraus und wurden selbst eingehend angestarrt. Von einigen Tischen wurden wir mit erhobenen Biergläsern gegrüßt. Nur H.P. wurde, wie ich fand, kritisch ins Visier genommen. Vermutlich wegen seiner Dreadlocks.

Schade, dachte ich, wo er doch der Sympathischste von uns Vieren war.

Erst jetzt entdeckte ich den leeren Stuhl etwas weiter hinten, an den eine Gitarre lehnte. Auf dem Boden neben dem Instrument ein halbleeres Glas Bier. Oder halbvoll, das kennen wir ja.

Nach einer Weile kam der dazugehörige Musiker herein, nestelte an seinem Hosenschlitz herum, nahm das Glas Bier, trank es in einem Zug leer, wischte sich mit dem Ärmel über den Mund und schwenkte das leere Glas mit den Bierschaumresten als Signal zum Nachschub Richtung Theke, wo der Barkeeper sofort mit Kopfnicken reagierte.

Der Mann setzte sich, nahm seine Gitarre auf, stimmte die A-Saite nach und wartete auf sein neues Glas Bier.

Als der Barkeeper das Getränk brachte, nahm er es regungslos entgegen, trank es bis zur Hälfte aus und stellte es wieder neben sich auf den Boden.

Er sah ein wenig schmuddelig aus, um die Vierzig, Flecken auf dem hellgrünen Pulli, die dunklen Haare hingen ihm ins Gesicht, lagen im Nacken auf seinem Kragen auf.

Er begann auf einem Akkord herumzuzupfen. Unter seinen Fingernägeln sammelte sich Schmutz, vielleicht Erde vom Torfstechen.

Auch ein Farmer, dachte ich, abends als Musiker unterwegs.

Er schloss die Augen, sang mit seiner leicht näselnden Stimme die ersten Worte einer Ballade, in der es um ein Gefangenenschiff ging, auf dem der Verlobte eines irischen Mädchens angekettet hockte und seinem Schicksal entgegenfuhr. Einem Schicksal, das nun auch das Ihre war.

Er hielt die Augen geschlossen, sang sich durch diesen Song mit einer verborgenen Anteilnahme, trug die Geschichte des irischen Mädchens und ihres Liebsten vor, als hätte sie sich letzte Woche zugetragen.

Die Melodie rührte mich zu Tränen.

Ich verbarg ungeschickt meine Ergriffenheit vor den anderen. Es schmerzte mich zu sehen, wie kaum jemand Notiz von diesem Mann und seinen Liedern nahm, und ich hörte ihm gebannt und seltsam berührt zu.

Das waren die Geschichten und Melodien Irlands, nach denen ich von da an zu suchen begann.

„Baileys fort!"

Henry hatte die verrückte Idee, nach Irland mit dem Zug zu fahren.

„Wie romantisch", lächelte ich, stimmte aber zu.

68 Stunden später hockten wir an die Wand gelehnt am Bahnhofsgebäude von Waterford, unsere Rucksäcke neben uns, eine Flasche Baileys zwischen uns.

Kurz davor hatte Henrys Gesicht noch ein paar wenige letzte Spuren einer turbulenten Überfahrt quer durch die Irische See aufgewiesen. Er war im Bahnhofsgebäude verschwunden, als ich draußen nach einem geeigneten Platz zum Aufschreiben meiner Notizen suchte.

Als Henry aus den Türen trat, schwenkte er die Papiertüte, die er um die Flasche gewickelt hatte, hoch über seinem Kopf und grinste sein breitestes Grinsen. Es war ungefähr so breit wie ein geöffnetes Scheunentor. Er machte viel Aufhebens um die Enthüllung der Likörflasche, als wäre sie ein Weihnachtsgeschenk. Wir hielten eine Flasche

Baileys zu dieser Tageszeit und Gelegenheit tatsächlich für sehr irisch.

„Very irish", bestätigte Henry und schraubte am Verschluss.

Drüben, auf der anderen Seite des angeschwollenen, breit dahintreibenden Flusses wirkte die Häuserzeile am Kai, mit den prächtigen viktorianischen bunten Fassaden, wie ein Postkartenidyll.

„Sieht toll aus, diese Häuserfront", schwelgte ich.

Henry hatte gerade einen Schluck genommen, reichte mir die Flasche, atmete tief ein und sagte in kennerischem Kunst-Ton: „Pittoresk."

Ich verschluckte mich, hustete los und kleckerte mir die Jacke voll.

„Pittoresk?", prustete ich und wischte mir mit dem Ärmel die Likörflecken von der Brust, doch das Zeug verschmierte nur.

Henry grinste mich an, nahm mir die Flasche aus der Hand, setzte gerade zu einem neuen Schluck an, als ihm die Flasche schroff entrissen wurde. Wir fuhren beide erschrocken zusammen.

Ein hagerer, ausgemergelter Mann um die Sechzig, der wie aus dem Nichts vor uns stand, hielt unseren irischen Sahnelikör in den Händen, schwenkte ihn wie eine Trophäe umher, hielt die bauchige Flasche in die Höhe, brüllte lallend ein „Tank you, Tank you" daher und grinste dämlich durch uns hindurch.

Der schwankende Mann war nur noch ein Strich in der Landschaft. Ein Strich, um den ein alter ausgebeulter schlammfarbener Anzug aus den 1960er Jahren flatterte. Ein Strich mit einem grautrüben, eingefallenen Trinkergesicht, in dem rote Äderchen die Trinkspuren dieses Lebens markierten. Eine Landkarte der Sucht und des jahrelangen Verfalls. Ich kannte das nur zu gut.

Der Mann nahm vier, fünf große Schlucke, wankte dabei wie ein Grashalm im Wind. Während des Trinkens rann ihm der Likör aus den Mundwinkeln, tropfte auf die Jacke, zu Boden. Er bemerkte es nicht.

Er setzte ab, stieß leicht auf, wollte Henry die Flasche zurückgeben, doch Henry gab dem Mann zu verstehen, dass er ihm die Flasche gerne schenken würde. Natürlich!

Der Mann brach fast in Freudentränen aus, rief vorübergehende Passanten an, hielt ihnen sein Geschenk entgegen und erzählte ihnen fürchterlich lallend, dass wir beide seine besten Kumpels wären.

„Goofräääääänds, Goofräääääänds!"

Was wohl soviel wie *good friends* heißen sollte.

Der Mann begann, unsere Hände zu schütteln, wollte anschließend Henry nach oben ziehen, um ihn zu umarmen, und fiel dabei fast hin.

Henry winkte freundlich ab, mimte den König des Lächelns und sagte, zu mir geneigt: „Bitte sag, dass das nicht wahr ist."

„Der Kerl hat sich doch tatsächlich unseren Baileys unter den Nagel gerissen, ich glaub ich spinne!"

Ich wusste, das war einer jener Momente, die im Moment des Erlebens nicht wirklich witzig sind (not really funny), aber schon einige Zeit später, vor allem wenn sie nachgespielt werden, vor allem von Typen wie Henry, an dem ein Schauspieler verloren gegangen ist, ja, einige Zeit später schon sind sie zur lustigen Anekdote geworden.

Und das ist gut so, denn was wäre das Leben ohne gerade solche Geschichten.

Offenbar waren wir plötzlich nicht mehr seine besten Kumpels, denn der Mann drehte ohne ein Wort ab wie ein Einhandsegler, der hart am Wind lag.

Er hatte enorme Schlagseite.

An der Ecke des Hafengebäudes stieß er gegen einen Laternenpfahl.

Als ob wir etwas dafür könnten, drehte er sich um und schimpfte in unsere Richtung.

Henry rief ihm ein „Cheerio, Miss Sophie" nach und wandte sich zu mir.

„Was?", meinte Henry etwas säuerlich, „der Kerl hat doch jetzt sein Dinner For One, oder etwa nicht?"

Nachdem unser Likör-Räuber endlich davongewankt und die Schamesröte aus unseren Gesichtern gewichen war, meinte Henry, Waterford sei nun nicht mehr Waterford.

„Hä... wie?", zuckte ich fragend mit den Achseln.

„Na, Baileys fort", sagte Henry, ließ es einen Moment wirken und grinste dann.

The Rose of Tralee

Gerade fuhren wir noch mitten durch ein Gemälde von David Caspar Friedrich und fühlten uns hineinversetzt in die Rolle des Beschauers. Und schön anzuschauen war dieser irische Sonnenuntergang allemal.

Ich bedauerte wieder einmal, nicht mit Pinsel und Farbe umgehen zu können, als die Sonne sich klammheimlich hinter einer Ansammlung flamingofarbener Schäfchenwolken verbarg, und, so wie es aussah, auch nicht mehr zum Vorschein kommen wollte.

Irgendwo auf dem Weg nach Limerick stiegen sie zu, setzten sich, schräg versetzt, auf die gegenüberliegende Seite. Vier junge Dinger, lachend, kichernd, lauthals singend, unaufhörlich plappernd, alle hübsch gekleidet in eine Art Tracht.

„Eine hübscher als die andere", stellte Henry fest.

Ich zuckte die Achseln.

Doch eine unter ihnen gefiel mir tatsächlich. Ich versuchte, in ihrem Gesicht die Rezeptur der Schönheit ausfindig zu machen, weshalb genau dieses Gesicht schöner war als die anderen drei.

Ob es an der Stellung der Augen lag, ihrer Größe, Form, der Augenfarbe? Lag es an der Nase? An ihrer Position, ihrer Größe, daran, wo sie zwischen Augen und Mund lag? Oder war es der Mund, die geschwungenen Lippen, ihre Größe, ihre Beschaffenheit? Oder vielleicht die Form der Stirn? Die Wangen, die Grübchen darin?

War alles zusammengenommen der Grund für die Schönheit dieses Gesichtes? Weshalb war ich gänzlich hingerissen vom bernsteinfarbenen Leuchten in ihren Augen?

Vor allem, wenn sie lachte.

„Du solltest sie nicht so anstarren", meinte Henry.

Ich wandte schleunigst den Blick von ihr ab. Die Dämmerung hatte sich mittlerweile unbemerkt herangeschlichen, nahm den Tag in den Würgegriff und blies ihm das Licht aus.

Die Midlands verloren an Kontur, verflüchtigten sich am Horizont zu einem scheinbar heraufdunkelnden Nebel. Alles, was davon übrigblieb, war das Gesicht dieser jungen

Frau schräg gegenüber, während der Zugfahrt nach Limerick.

Es begann zu regnen.

Während es draußen unaufhörlich weiter dunkelte, sangen die vier Mädels ein Lied, das für mich zum Soundtrack dieses Irland-Trips wurde.

Ihre Stimmen erfüllten das Zugabteil.

Und mich.

Sie sangen wie Mädchen, die gemeinsam singen, stimmten alle in die gleiche Harmonie ein, suchten die anderen Stimmen, passten sich an, sangen in den Klang der anderen Stimmen hinein.

Die Melodie des Songs rüttelte an meiner Seele. Wie ein Sturm, der vom Meer her an losen Fensterläden rüttelt.

Sie hatte als einzige eine Altstimme. Man konnte sie heraushören. Beim Klang von Altstimmen muss ich immer an dunkles Holz denken, wohlriechendes dunkles Holz. Und an flauschige Teppiche, auf denen ich barfuß gehe. Jetzt erst bemerkte ich, dass sie eine kleine Krone im Haar trug.

Eine Königin?

Über welches Reich regierte sie wohl?, fragte ich mich schmunzelnd.

Henry scharrte neben mir mit den Füßen, richtete plötzlich sein Wort an die vier Mädchen. Ich zuckte zusammen.

Nach kurzer Zeit war er nicht mehr zu bremsen. Er konnte gar nicht mehr aufhören. Sie plapperten mit Henry wie mit einem Bekannten. Das Lachen sprühte nur so aus seinen funkelnden blauen Augen. Er verteilte verschwenderisch Komplimente, scherzte unentwegt, brachte sie zum Lachen, verwickelte sie ständig in irgendein Rätselraten.

Davon hätte ich gerne etwas, dachte ich neidisch und beobachtete staunend, wie er die Vier um seinen kleinen Finger wickelte, dieser Spieler. Lernen konnte man so etwas nicht, entweder man hatte es oder man hatte es nicht.

Es stellte sich heraus, dass die Vier von einem Schönheitswettbewerb kamen und dass die Altstimme gerne zur *Rose of Tralee* gekürt worden wäre, es aber leider nicht geschafft hatte.

„Doesn't matter", meinte sie und stimmte noch einmal den Song an.

Das Lied rührte mich sehr.

Auch die Vier stiegen in Limerick aus, lärmten und sangen, was das Zeug hielt, zogen die Blicke der wenigen Menschen auf sich, die eilig Richtung Ausgang strömten. Henry rief und winkte ihnen nach.

Über dem Bahnsteig irrlichterte blasses Licht aus verschmutzten Lampen. Die Gleise stanken nach nassem Eisen. Ich trat einen Schritt vor, schaute am Wellblechdach vorbei in den Nachthimmel, kniff wegen des leichten Regens die Augen zusammen und begann mich nach dem Meer zu sehnen, und nach der Küste.

„Du solltest Kurse geben", sagte ich zu Henry.

„Kurse?"

„Im Anbaggern."

„So etwas kann man nicht lernen", grinste er angeberisch, „aber dieser Song war mir eine Spur zu sentimental, dir nicht auch?"

Ein Kerl kam auf uns zu, offenbar der Zwillingsbruder von unserem Likör-Räuber in Waterford, und erkundigte sich, ob wir ein Zimmer bräuchten, er könne uns ein Hostel empfehlen.

Und er könne uns sogar gleich dorthin fahren.

Wir guckten uns verwirrt an.

„Davor hat mich meine Mutter immer gewarnt", raunte ich Henry schmunzelnd zu.

„No risk no fun", entgegnete Henry, gab dem Mann die Hand und bedankte sich für das Angebot, uns zu fahren.

Der Typ hatte seinen verbeulten, alten Kadett im Halteverbot geparkt.

Ich kroch nach hinten, verschaffte mir zwischen Müll und sonstigem Gerümpel einen Fleck zum Sitzen und behielt den Fahrer im Auge. Hinter ihm fühlte ich mich bedeutend sicherer als neben ihm. Henry beschwerte sich nicht einmal, als ich sagte, er solle den Beifahrersitz nehmen.

Wo um alles in der Welt bringt uns dieser Kerl hin, wo sind wir nur hineingeraten?, dachte ich und suchte in dem Gerümpel nach einem Baseballschläger, einem Schraubenschlüssel oder etwas dieser Art.

Er raste mit seiner Schrottkarre wie ein Rennfahrer in Rente durch die Stadt, überholte, indem er kurzzeitig halb auf dem Gehweg fuhr, hupte, ließ den Motor aufheulen und überfuhr einmal sogar eine rote Ampel. Alles, ohne eine Miene zu verziehen.

Ich sah nichts als die Hauswände von hohen Häusern, enge, zugeparkte Straßen, kaum Schaufensterfronten. Ich kämpfte gegen ein Unbehagen. Versuchte mich auf etwas zu konzentrieren, das uns vielleicht erwartete. Ich sammelte mich.

Henry blickte verstohlen nach hinten.

Ich gab ihm mit einem Blick zu verstehen, dass ich ihn umbringen werde, wenn es sonst niemand anders tat.

Henry fragte den Fahrer in das laute Motorengeräusch hinein, ob er vielleicht einen Bruder in Waterford habe, bekam jedoch keine Antwort.

Mit quietschenden Reifen bremste der Mann seinen Wagen.

„Da sind wir", lächelte er.

Vielleicht geht es uns doch nicht an den Kragen, dachte ich.

„Mein Hostel", erklärte er weiter, „nicht erschrecken, es ist ein altes Krankenhaus."

„Great", sagte Henry augenzwinkernd beim Aussteigen.

Der alte Kasten hätte gut und gerne als Kulisse für einen Hitchcock-Film gedient. Die Fassade am Zerfallen, nicht ein Fenster beleuchtet. Verlassen und halb verrottet stand es in der Innenstadt. Jedenfalls kam es mir so vor.

Es geht uns doch an den Kragen, sagte ich mir.

Der Mann zog einen klimpernden Schlüsselbund aus der Hosentasche, der vage an den Schlüsselbund eines alten Geisterschlosses erinnerte.

„Hereinspaziert!", lächelte er gut gelaunt. Aber es klang eher wie „ab in die Gruft mit euch".

Wir folgten ihm durch die leerstehende Eingangshalle, die verlassene Krankenhausküche, jetzt Hostel-Gemeinschafts-Speiseraum, begleiteten ihn durch Gänge, Treppenhäuser und neue in die Höhe führende Treppenaufgänge. Nirgendwo Geräusche, Stimmen, menschliches Leben. Wir mussten die einzigen Gäste in diesem elenden Kasten sein.

Er erzählte uns, er habe das Krankenhaus vor einem Jahr gekauft, um ein Hostel daraus zu machen.

Wir schwiegen.

Im dritten Stock hielt er schwer atmend vor Zimmer 37.

„Das ist euer Zimmer", sagte er, „gute Nacht. Bezahlen könnt ihr morgen."

„Wenn es ein Morgen gibt", sagte ich.

Henry knuffte mich in die Seite.

Beim Lichtanknipsen stoben eine Handvoll Kakerlaken aufgeschreckt davon und verkrochen sich in irgendwelchen Ritzen.

Ein Stockbett, ein Stuhl, nichts sonst.

Kein Tisch, kein Schrank, kein Marienbildnis, keines von Jesus und auch sonst kein Bild. Nirgendwo ein Nagel in der Wand. Von der Decke baumelte eine offenbar hundert Jahre alte Glühbirne, die mehr Dunkelheit als Licht spendete.

Das Waschbecken hing ein wenig aus der Wand, wackelte. Wasser kam keines.

„Wir sind tot", sagte ich tonlos.

„Mann, was für eine eklige Bruchbude", knurrte Henry fassungslos.

„Lass uns abhauen", sagte ich, „am besten übers Dach, dann kriegt es keiner mit."

Henry schnüffelte an den Betten.

„Die sind okay", meinte er, „morgen früh sind wir eh wieder weg."

„Wenn wir morgen früh überhaupt noch da sind", entgegnete ich, halb im Scherz, halb im Ernst.

„Alles gut", beschwichtigte Henry mich, „der Typ ist okay, beruhige dich."

„Ja, alles great", konterte ich schlecht gelaunt, „ich nehme das obere Bett."

Henry meinte, er würde nach etwas Essbarem in der Küche schauen.

Ich sagte, er solle sich nicht verlaufen, und gab ihm den Tipp, seine kleinen bunten Schoko-Bonbons auszustreuen, damit er den Weg zurückfände.

„Pass du nur auf, dass du keinen Besuch bekommst", sagte er scherzhaft.

Als seine Schritte am Flurende verklangen, sprang ich auf, klemmte den Stuhl unter den Türgriff, wie man es in Filmen immer sieht, rollte meinen Schlafsack aus und kroch hinein.

Eine Stunde später war Henry noch immer nicht zurück.

Ich bekam es mit der Angst zu tun.

Sollte ich ihn suchen gehen? Und unsere Sachen, sollte ich sie zurücklassen? Es gab ja nicht einmal einen Schlüssel, um abzuschließen.

Wenn ihm etwas zugestoßen war?

Ich begann zu schwitzen, kroch aus dem Schlafsack, sprang vom Bett herunter und öffnete die knarrende Verriegelung des Fensters.

Ich blickte in einen Hinterhof.

Stinkende Mülltonnen.

Weiterer Müll in Säcken verpackt, zu einem Berg angewachsen, der schon bis an den ersten Stock heranreichte.

Ratten, die fiepend quer über den Hof jagten.

Das war zuviel für mich.

Ich ging zur Türe, kickte den Stuhl zur Seite, dass er krachend gegen die Wand donnerte und zerbrach, und riss wütend die Türe auf.

Henry stand plötzlich vor mir, wollte gerade von außen nach der Türklinge greifen und erschrak, im Arm Toast, Käse und Kekse.

„Verdammt, weißt du, wie lange ich schon auf dich warte!", brüllte ich ihn an.

„Sorry, ich hab total die Zeit vergessen, tut mir leid", erklärte er, „ich hab doch tatsächlich in der Küche unten ein paar Holländer getroffen, Ruckis wie wir, die haben mich zu einem Spielchen eingeladen. Konnte nicht nein sagen, ehrlich. Mann, bist du sauer?"

„Scheiße, wir sind drei Tage unterwegs und ich hab noch nicht mal das Meer gesehen, Henry, ich will das Meer sehen, hörst du, ich will endlich das Meer sehen!"

„Morgen", lächelte er zuversichtlich, „morgen ist es soweit."

Nur der Gedanke an die Altstimme, an diese junge irische Schönheit, verhütete wohl, dass ich in jener Nacht von Alpträumen heimgesucht wurde.

Ich glaube sogar, ich schlief mit einem zaghaften Lächeln im Gesicht ein, beim Gedanken an meine Rose von Tralee.

Dooliner Morgen

Ich verfluchte gerade den Kauf dieser albernen Schuhe, auch dass ich sie nur wegen ihres außergewöhnlichen Aussehens gekauft hatte. Irgendwo weit vor mir bemühte sich Henry, mich alt aussehen zu lassen, indem er den enormen Abstand zwischen uns beibehielt. Um die grünen Hänge, die Henry eine Stunde zuvor schwärmerisch als immergrüne Wiesen bezeichnet hatte, kümmerte ich mich nicht mehr.

Erstaunlich, was schmerzende Blasen an den Zehen ausrichten können.

Ich rief Henry zu, ob man Irland noch immer unbedingt zu Fuß durchqueren müsse, aber war nicht sicher, ob er es überhaupt hörte bei der Entfernung, die zwischen uns lag.

Wir seien bald da, rief er, ohne sich umzudrehen.

Aha!

Ich erinnerte mich, dass er mir das auch schon vor einer Stunde versichert hatte, gleich nach dem Anfall von Schwärmerei im

Anblick der immergrünen Hügel zu unserer Rechten.

Genauso wie Eltern bei ihren Kindern vorgehen, dachte ich, Begeisterung verbreitend.

Noch grünere Wiesen, das Gras schien zu leuchten unterm Sonnenlicht, fielen auf der gegenüberliegenden Seite in ein Tal hinab, aus dem ein paar wenige Dächer von Häusern aufragten, scheinbar wahllos in die Landschaft gestreut. Grauweißer Rauch verlor sich heimlich irgendwo am Himmel. Dann sah ich Henry in einer Biegung verschwinden.

Wir sollten also wirklich demnächst an unserem Ziel sein.

Das Mekka der Folk-Musik war zu jener Zeit noch eine verschlafene Häuseransammlung entlang der einzigen Hauptstraße, die durchs Dorf führte.

Zu allem Übel hatte die Küche des Pubs, den der Reiseführer als Hort des „besten Irish Stews der Insel" bezeichnete, noch geschlossen.

Mit nichts als Wasser und Haferkeksen wanderten wir also querfeldein über Stock und Stein.

Nein, ganz so war es nicht, eher über morastige, tieffeuchte, unter uns nachgebende weitere grüne Wiesen, ummauert oder umzäunt. Parzellenhaftes, sanftes Dahingleiten an einen Horizont, der sich unserem Blick zu entziehen schien. Wo die Cliffs sich befanden, wussten wir nicht. Wir wussten nicht einmal, ob wir uns nicht verirrt hatten. Aber bei einer Klippenlänge von mehreren Kilometern konnte man sich, dachte ich, eigentlich gar nicht verirren.

Wir kletterten und hüpften ächzend über diese Mauern, als befänden wir uns mit unseren schweren Rucksäcken bei einer militärischen Übung im freien Gelände.

Und irgendwann hatte ich das Gefühl, der leuchtend grüne Grasboden unter meinen Füßen beginne zu schaukeln und unter meinem Gewicht knietief nachzugeben.

Nach einer halben Stunde (es kann aber auch eine ganze Stunde gewesen sein, Henry und ich hatten unsere Armbanduhren in einer Art Ritual vor unserer Abreise zuhause abgelegt) entdeckten wir zwischen einer Handvoll schwarzweißgefleckter Kühe einen dazugehörigen Farmer.

Wir steuerten schiffbrüchig auf ihn zu, wie auf einen Leuchtturm, und erkundigten uns nach dem Weg zu den Cliffs.

Der Mann erfüllte jegliches Postkartenklischee eines irischen Farmers der alten Schule, die windschiefe Mütze auf dem grobschlächtigen Kopf hielt die wenigen Haare verborgen.

Er hielt theatralisch inne, machte ein bedeutungsvolles Gesicht, erhob den ausgestreckten Arm diagonal zum Horizont, zeigte mit seinem krummen Zeigefinger in eine Himmelsrichtung und ließ mit lauter Stimme verlauten:

„Tiss is the nort and tiss is the west and you ha to go to the nooortwessst!"

Wir glotzten uns verdattert an und überlegten, ob dies nun der berüchtigte Dialekt von Clare gewesen war.

Außer Sichtweite des Mannes spielte Henry die gerade erlebte Szene nach und gab den Farmer samt Dialekt perfekt wieder.

Wir konnten uns vor Lachen nicht mehr auf den Beinen halten.

Aber der Mann hatte recht behalten, in Richtung Nordwest stießen wir an die schroffe Kante der Cliffs.

Die Steilküste stach im Zickzackmuster in die tosende See. Wie mit einem Lineal in die Höhe gezogen, ragte sie monströs aus der tosenden Gischt heraus. Das Meer brüllte, schlug wütend gegen die Felswand, am Horizont verschwamm es mit dem schiefergrauen Himmel.

Ich fühlte mich selbst riesig bei diesem Anblick und gleichzeitig winzig klein. Ein Partikelchen im großen herrlichen Gefüge dieser Schöpfung.

Wir legten uns ins Gras und robbten wie bei einer weiteren Militärübung an den Klippenrand heran.

Unter uns ließen sich Meeresvögel aus Nischen in der Felswand in die Lüfte fallen, spreizten die weißgrauen Flügel und wurden getragen von wellenartigen Aufwinden, die uns in die Lungen fuhren und das Atmen erschwerten.

Die Gischt spritzte in zarten Tröpfchen bis zu uns herauf.

Die Vögel genossen es sichtlich, malten weite ausladende Formen in den Wind. Manche ließen sich weit herauftragen, fast bis an unsere Nasenspitzen.

Henry streckte den Arm aus, wollte eine Möwe berühren, sie drehte ab.

Ich blickte in ihr dunkles Auge, gerade als sie den Kopf neigte und mit dem Schwanz manövrierte.

Unsere Blicke trafen sich.

Ich bin du, dachte ich und lächelte.

Schweigend schlugen wir unser Zelt auf, wanderten zur Turmruine und ließen uns vom Wind durchpusten, bis es vom Horizont heraufdunkelte.

Nachts riss uns ein Sturm aus dem Schlaf, heulte, tobte, grollte und schrie, legte unser Zelt in Falten, drückte es nieder, deckte uns damit zu, rüttelte an den Reißverschlüssen und öffnete sie sogar.

„Wir fliegen weg!", rief ich, in das Geheul der Windböen hinein.

Henry meinte nur, ich solle mir nicht ins Hemd machen, das sei eben nun mal irisches Wetter, und kroch näher an mich heran.

Wir wagten nicht, das Zelt zu verlassen und legten uns, dicht beieinander, soweit weg von der Kante der Klippen wie es in dem kleinen Zweimannzelt eben ging, zitternd und ängstlich, den nächsten Dooliner Morgen nicht mehr zu erleben.

Henrys Lippen bebten im dünnen Schein der Taschenlampe.

Oder er flüsterte nur vor sich hin.

Betete er etwa? Henry?

Ich erwachte am Geräusch des Reißverschlusses am frühen Morgen, sah wie Henry mit einer Rolle Klopapier das Zelt verließ.

Er vergaß, es wieder zu schließen, und die Zelttüre flatterte wie eine Fahne geräuschvoll im Wind.

Später frühstückten wir im Zelt, stritten uns wieder mal um den Schoko-Aufstrich, wiederholten anschließend unser Militärmanöver als Vogelbeobachter, bis wir gegen Mittag mit einem Loch im Magen aufbrachen, um in Doolin den besten Irish Stew Irlands, laut Reiseführer zu genießen.

Ich wusste nicht recht, weshalb so viel Aufhebens um gerade diesen Irish Stew gemacht wurde. Für mich war es einfach ein Gemüseeintopf. Noch dazu lauwarm. Nach so viel Wind und steifer Brise jedenfalls nicht das Richtige.

Wir hockten nah am Torffeuer, bestellten eine Fuhre Tee nach der anderen, dazu selbstgebackene Scones, und wärmten ganz allmählich wieder zu normaler Betriebstemperatur auf.

Henry meinte, er sei verrückt nach diesen kleinen runden Küchchen, kaufte zwei Hände voll auf Vorrat und versicherte mir grinsend, dass ich kein einziges davon abbekommen würde.

Ich wusste, dass er nicht Wort hielt, er hatte einfach ein zu großes Herz, und grinste in mich hinein.

Am späten Nachmittag beschlossen wir, dass es zu spät zum Aufbrechen sei, und mieteten uns in einem Hostel ein.

Kaum hatte er seinen Rucksack verfrachtet, rannte Henry los und rief über die Schulter, er müsse einkaufen.

Ich haute mich ins Bett und schloss müde vom vielen Wind und Herumgewandere die Augen.

Das Hostelbett roch ein bisschen muffig, war ansonsten aber sehr gemütlich.

Henry weckte mich, indem er mir mit einem Büschel Schnittlauch unter der Nase herumwedelte.

„Komm mit", sagte er, „hab uns was gekocht."

In der Gemeinschaftsküche war zum Glück niemand anwesend.

Henry schob mir einen Teller hin.

„Irish Stew", lächelte er.

Eine Weile aßen wir still, ich gab vor, in Gedanken zu sein.

Henry beobachtete mich, ließ mich nicht aus den Augen.

„Der Reiseführer liegt doch nicht falsch", sagte ich irgendwann wie beiläufig und schöpfte lächelnd nach, „in Doolin gibt es tatsächlich den besten Irish Stew."

Henry grinste zufrieden.

Inisheer

Henry und ich hockten seit einer Stunde im Hafen herum.

Well, Hafen wäre eigentlich schon zu viel gesagt. Ein zwei Kutter schaukelten vertäut im Brackwasser, ein alter Kran rostete vor sich hin, ein herrenloser Hund verbellte den Morgen, irgendwo dudelte ein verrauschtes Radio, drüben, bei der Blechhütte am Kai, lehnten ein paar Kerle in wasserdichten Latzhosen und lachten rauchend.

Ich fragte Henry, weshalb er unbedingt auf diese Insel, noch dazu dort übernachten wolle, und ob wir nicht mit dem letzten Schiff zurückkommen könnten.

Er meinte, ich könne ja zurückfahren, er würde bleiben.

Sturkopf, dachte ich.

Dann kam es um die Bucht getuckert.

Das heißt, eigentlich hörte man es schon, als es noch außer Sichtweite war. Ein gleichmäßiges Tackern, wie ein Uhrzeiger im zu schnellen Sekundentakt.

Henry wurde ganz aufgeregt.

Ich konnte es abwarten, wäre viel lieber nach Galway gefahren, ein wenig die Stadt unsicher machen. Man wusste ja nie, wen man so traf, wenn man durch die Stadt tingelte.

Als das Schiff näher kam, entpuppte es sich als Nachen.

„Bist du seetauglich?", grinste ich Henry an.

Henry grinste zurück.

„In diesem Kahn werden wir es bald schon wissen," sagte ich und stopfte meine Sachen in den Rucksack.

Die Gruppe belgischer Radfahrer, die an der Mole ebenfalls auf das Schiff gewartet hatte, schien sichtlich enttäuscht, dass der Kahn so winzig war und sie auf ihre Räder verzichten und als Fußpassagiere reisen mussten.

Ganze zwölf Menschen fasste der Nachen.

Zu sechst saßen wir uns gegenüber. So nah, dass man die Fältchen im Gesicht des Gegenübers zählen konnte.

Henry kauerte neben mir.

„Alles okay?", fragte ich.

Keine Antwort.

Kaum hatten wird den Hafen hinter uns gelassen, wurde die See belebt. Schwarzgrüne Wellen erhoben sich, auf ihren Kämmen silberne Gischt. Beinahe bedrohlich schwappten sie schon über den Bootsrand.

Alles kreischte.

Das konnte ja heiter werden.

Das Wasser floss einem durch die Klamotten bis zum Hintern hinunter.

Henry schimpfte leise vor sich hin.

„Scheißkahn" war alles, was ich verstand.

Einige der Leute wurden ruhiger, manche verstummten völlig.

Henry erstarrte sogar.

Während der ereignisreichen und schaukeligen Überfahrt zählte ich sieben verschiedene, sich allmählich ändernde Grüntöne in Henrys Gesicht, bis es letztlich aschgrau, fahl und ausgemergelt vor Entsetzen stehenblieb.

Ich grinste vor mich hin, obwohl er mir schon ein bisschen leid tat.

Dann erbrach sich Henry mit ein paar Belgiern über die Reling.

Im Inselhafen kletterten wir benommen aus dem Kahn und hockten erst einmal irgendwohin, um auszuruhen. Zum Glück schien die Sonne. Wir wechselten die Klamotten und legten die nassen Sachen auf die Kaimauer zum Trocknen.

Und uns dazu.

„Ich habe noch kein Gesicht mit so vielen verschiedenen Grüntönen gesehen", sagte ich zu Henry, verkniff mir mühevoll das Lachen und biss in ein Sandwich.

Henry schaute mich verdutzt an, überlegte einen Moment und lachte los.

Auf einem Hügel, dem höchsten Punkt der Insel, im Rücken des Dorfes, erhob sich eine Turmruine.

„Dort werden wir übernachten!", rief Henry, wieder zu normaler Gesichtsfarbe gekommen.

Und tatsächlich schlugen wir unser Zelt am Fuß des Turmes auf, von wo wir das Dorf, seine Wiesen und Felder und den Atlantik bis zum Horizont überblicken konnten.

Aus einer Armada von Kumuluswolken kämpfte sich hin und wieder die Sonne durch, ergoss sich für Momente verschwenderisch über die saftgrünen Wiesen und Mäuerchen, die die Insel in ein Parzellenmosaik unterteilten. Die Wiesen leuchteten dann wie eingefasste Smaragde.

Wir kochten Tee, aßen Sandwichs, teilten uns Äpfel und stritten um den Schoko-Aufstrich. Als es dunkel wurde, schlichen wir unter dem Mondlicht wie Diebe den Hügel hinunter ins Dorf.

Henry wollte unbedingt ein Guinness.

Das Dorf schien ausgestorben.

Die Belgier waren mit dem letzten Schiff zurück ans Festland gefahren. Wir hatten ihre Abreise von unserem Hügel aus beobachtet und waren froh, nicht an ihrer Stelle zu sein.

Henry rannte wieder mal vor mir her, hatte es eilig, ins erste Pub zu kommen, auf das er traf.

Der Laden hatte schon bessere Tage gesehen. Ich stieß gegen eine Wand aus Zigarettenqualm, Bierdunst, Kellergeruch und abgestandenem Schweiß. An der Theke hockte eine rothaarige junge Frau im karierten Hemd zwischen drei Männern um die Fünfzig. Alle redeten durcheinander, offenbar angetrunken.

Henry hatte schon bestellt, winkte mich mit seinem Bierglas an einen kleinen runden Tisch heran. Er hatte mir eine Cola bestellt, in der es ungewöhnlich perlte. Außerdem schwammen kleine Krümelchen darin herum.

„Was starrst du denn das Mädchen so an?", sagte Henry.

„Sie gefällt mir", meinte ich.

„Sie ist besoffen!"

„Na und?"

Henry leerte sein Glas in einem Zug, ging zur Bar, um ein neues zu bestellen, und kam nicht wieder zurück.

Stattdessen rief er mir zu, ich solle herüberkommen, wir seien eingeladen.

Die Rothaarige rückte zwei Barhocker weiter, wir quetschten uns dazwischen.

Ich saß neben ihr, roch ihr Shampoo und ihren Körperduft.

Sie blies mir ihren Zigarettenrauch entgegen. Aus den Augenwinkeln betrachtete ich sie mir näher. Ihre Augen waren grün. Inselgrün.

Als sie aufstand und unsicher Richtung Toiletten stakste, folgte ich ihr einige Augenblicke später, jedoch erst nachdem ich geprüft hatte, dass keiner Notiz von mir nahm.

Ich wartete im Flur vor der Damentoilette auf sie.

Sie stolperte geradewegs auf mich zu, als sie aus der Toilette kam.

Ich faselte irgendetwas von ihren schönen Augen oder ihren Haaren, später wusste ich es gar nicht mehr, so nervös war ich. Wahrscheinlich hatte sie mich sowieso nicht verstanden. Sie rempelte mich im Vorbeigehen fluchend an und stieß die Tür zum Schankraum auf.

Ich fragte mich ein wenig beschämt, was ich gerade eben hier versuchen wollte, und ging zurück, ohne mir eine Antwort zu geben.

Als ich zurückkam, war sie verschwunden. Einen kurzen Impuls, ihr nach draußen zu folgen, erstickte ich im Keim.

Ich nahm an Henry eine Veränderung wahr. Er schien genervt, diskutierte mit den Männern über etwas, worauf er offenbar keine Lust hatte.

Ich nahm deren Gespräch erst wieder wahr, als einer der Männer meinte, Hitler wäre ein guter Mann gewesen, denn wie er mit den Brits umgesprungen sei, hätte sich bis dahin niemand getraut.

Von einer Sekunde zur nächsten kochte ich. Als legte man einen Schalter um.

Ich hatte nicht mein halbes Leben lang mit meinem Vater über dieses Thema gestritten, damit damals sogar einen Rauswurf zuhause provoziert, um hier jetzt meine Klappe zu halten.

Ich ging zum Angriff über, fuhr dazwischen, fauchte den Mann an, knallte ihm die gängigen Argumente um die Ohren, wies ihn auf die KZs hin, das Vergasen von Menschen, die Judenverfolgung, den Rassenhass.

Und schloss damit, dass es nach meiner Meinung nur zwei Arten von Befürwortern dieses Gedankengutes gab, diejenigen, die damals selbst dabei waren und in gewisser Weise aus mangelndem Abstand zu blinder Gefolgschaft verführt worden waren, und jene Heutigen, die aus purer Dummheit menschenverachtend seien und sechzig Jahre später einfach nachplapperten, was damals schrecklicherweise Zeitgeist war.

Zu welchen er gehöre, liege ja wohl auf der Hand.

Henry fuhr zusammen, schmiss einen Zwanzig-Pfund-Schein auf die Theke, packte mich am Jackenkragen, schleifte mich in einem Anfall von Panik durch die Kneipe und bugsierte mich zur Türe hinaus.

Im Gehen rief er noch ein „I'm so sorry!" nach hinten in den Schankraum.

„Willst du gelyncht werden!", brüllte er mich draußen an. „Du Idiot, glaubst du, ich möchte wegen dir hier die Fresse poliert bekommen? Das ist eine Insel, Mann!"

Er schimpfte mich alles, boxte mir gegen die Schulter, raste aus dem Dorf und zog mich hinter sich her.

Henry meinte, dass er Wache halten wolle, als wir uns in unsere Schlafsäcke verkrümelten, weil er sowieso kein Auge zubekommen würde, wenn er daran denke, dass wir auf dieser Insel gefangen seien wie Robinson Crusoe, nur eben nicht alleine, sondern mit einem Haufen besoffener, aufgebrachter und wütender Iren. Nicht auszudenken, was denen in ihrer Wut alles einfallen könne.

Ich bekam es ein wenig mit der Angst.

Eigentlich wusste ich schon in dem Moment, als ich im Pub den Mund aufgetan hatte, dass ich Mist bauen würde.

Warum musste ich auch immer meine Klappe so weit aufreißen!

Als ich noch über einen möglichen Fluchtplan nachdachte, sollten wir angegriffen werden, begann Henry zu schnarchen.

Ich nahm mir vor, nicht einzuschlafen.

Als ich nach einiger Zeit anfing, stille Selbstgespräche zu führen, hörte ich Schritte vor dem Zelt und hielt den Atem an.

Ich rechnete mit allem.

Draußen bewegte sich ein Lichtpunkt in der Dunkelheit.

Ein Glühwürmchen?

Gab es die in Irland überhaupt?

Mir brach der Schweiß aus.

Das war die Glut einer brennenden Zigarette!

Jetzt sind wir dran, dachte ich, und alles nur meinetwegen ...

Am nächsten Morgen stand unser Zelt noch, niemand hatte uns angegriffen, ich war eingeschlafen, wir lagen eingemummelt in unseren Schlafsäcken, draußen blökten die Schafe und der Wind pfiff durch die Ruinenritzen.

Wir packten schleunigst ein, bauten das Zelt ab, schlichen über einen Umweg, quer über Felder, zum Hafen hinunter und nahmen aufatmend das erste Schiff zurück.

Henry war so glücklich, die Insel zu verlassen, dass er vor Aufregung vergaß, grün anzulaufen. Und ich war ebenfalls sehr froh.

Slieve League

Einen Sommer später bugsierte Henry meinen alten Kombi gekonnt über die holprigen Straßen Donegals, die zu jener Zeit eigentlich noch nicht Straßen genannt werden konnten.

Ich kauerte neben ihm auf dem Beifahrersitz, verfing mich in Gedanken in den weiten und kargen Landschaften und überlegte, wie man es am besten anstellte, hierher zu übersiedeln, Deutschland zu verlassen, ein Leben in Irland aufzubauen: ein irisches Leben.

Im Kassettenrekorder spielte eine an manchen Stellen leicht leiernde *Chieftains* Kassette. Ich glaube, es waren die *Chieftains* mit Van Morrison.

Ich war gerne mit Henry unterwegs.

Er war witzig, liebte ebenso das Abenteuer, und man konnte schweigen neben ihm, ohne dass es peinlich wurde.

Es hatte zu regnen begonnen, während ich in Gedanken meinen Ausstieg vorbereitete. Über die Windschutzscheibe flossen Regenbäche. Liniengeflechte, die sich ständig veränderten. Der Scheibenwischer ließ sich nur auf Stufe Drei betätigen, die anderen beiden Stufen waren, als wir noch unten in Kerry herumfuhren, ausgefallen.

Ohne langsame und mittlere Scheibenwischergeschwindigkeiten wurde das Autofahren manchmal extrem nervig. Auf Stufe Drei jagten die Wischblätter geradezu wie irre über die Windschutzscheibe. Man konnte sie nur einschalten, wenn es richtig goss. Bei leichtem Regen oder Nieselregen begannen sie beim Wischen sofort zu quietschen.

Also ließ man sie lieber ausgeschaltet und betätigte sie immer nur dann, wenn es nicht mehr anders ging und man fast nichts mehr sah vor lauter Regen.

Wir fuhren seit einer gefühlten Ewigkeit auf irgendwelchen Lanes mitten durchs County, umschifften Berge, grün bis an die Gipfel, und um einen sehr hohen, majestätischen, aus bloßen Steinen.

Vorbei an Flüssen, gekräuselten Seen, Wiesentälern und Schafweiden, die sich im Nebel verloren. Die Scheiben beschlugen. Dort draußen verschwamm die Landschaft.

Plötzlich fuhr Henry sehr dicht auf einen Wagen vor uns auf.

Die schummrigen Lichter starrten wie blasse Augen.

„Fahr nicht so dicht auf", sagte ich, aus meinen Tagträumen gerissen.

„Ja ja, schon gut", meinte Henry, „schau mal, das sind Deutsche."

Auf dem Kennzeichen entdeckte ich, dass sie in Deutschland gar nicht so weit von uns entfernt beheimatet waren.

„Sind ja fast Nachbarn ... zuhause", bemerkte ich. Das Wort „zuhause" kam mir seltsam schwer über die Lippen.

„Ob sie auch auf Slieve League wollen?", fragte Henry.

„Am Ende hören wir dort oben noch unseren eigenen Dialekt", sagte ich.

Bis zu unserem Zielort hatten wir den Wagen vor uns. Wir waren gespannt.

Im Postamt wollten wir uns nach dem Aufstieg erkundigen und parkten den Kombi auf dem Hof eines alleinstehenden Bauernhauses, nachdem wir den Besitzer gefragt hatten. Vor dem Postamt parkte der Wagen der Deutschen.

Drinnen begegneten wir einem älteren Ehepaar, das umständlich und in gebrochenem Englisch mit der Postbeamtin redete.

Weghören war nicht möglich, hierfür war das Postamt viel zu klein und der Mann sprach zu laut, wobei sich die Postbeamtin sichtlich Mühe gab, diskret zu sein.

Nur der Mann sprach, während die Frau neben ihm stand und sich Tränen aus den Augen wischte. Die beiden waren gekommen, um die geborgenen Sachen ihres verstorbenen Sohnes abzuholen.

Wenn ich es richtig verstanden hatte, war er irgendwo zu Tode gestürzt. Der Junge hatte die Tour zu seinem zwanzigsten Geburtstag gemacht.

Slieve League, dachte ich, oben am *One Mans Path*.

Ich gab Henry zu verstehen, dass wir nach draußen gehen sollten.

Vor dem Postamt hockten wir auf einer Mauer und atmeten durch.

Als die Eltern des jungen Mannes aus dem Postamt kamen, wollte ich aufspringen, hinübergehen und sagen, dass es mir leid tue, aber Henry hielt mich zurück.

Dieselbe Postbeamtin riet uns ab, den *One Mans Path* zu gehen, er sei viel zu gefährlich zu dieser Jahreszeit.

„Erst letzte Woche ist jemand dort oben zu Tode gestürzt", sagte sie, „man hat ihn kaum identifizieren können."

Henry und ich glotzten uns an.

War es das wert, fragte ich mich, diesen schmalen Steig unbedingt gehen zu wollen?

„Vielleicht sollten wir es lassen", meinte ich, als wir unsere Rucksäcke anzogen.

„Lass uns wenigstens hochgehen", strotzte Henry, „wenn der Pfad zu gefährlich ist, gehen wir ihn eben nicht. Ist das okay für dich?"

„Geht klar!"

Wir wanderten los.

Schon in Kerry hatten wir beschlossen, die höchsten Klippen Europas zu Fuß zu meistern und nicht mit dem Auto, so weit es ging, hochzufahren.

„Wie die anderen Weicheier!", hatte Henry gespottet.

Ich hätte eigentlich nichts dagegen gehabt, ein wenig den Wagen zu bemühen, der ganze Rest war sicherlich noch anstrengend genug. Die Aussicht, körperlich an die Grenzen kommen, reizte mich dennoch mehr, als Henry zu einer Autofahrt an den Fuß der Klippen zu überreden.

Wir erreichten den Einstieg zur Klippenwanderung erst gegen Abend, als der westliche Himmel rote Tränen vergoss. Bei leichtem Regen schlugen wir müde und geschafft unser Zelt auf und schliefen bald darauf ein.

Seit Jahren begleitet mich ein Foto von jenem Abend. Es steckt bei den anderen dieser Reise in einem kleeblattgrünen Couvert, von Henry mit Kugelschreiber an mich adressiert.

Es zeigt mich, an einen Felsen gelehnt, in den bewölkten Sonnenuntergang blickend, der über dem Atlantik zu einem grauschwarzen bedrohlichen Schauspiel wird.

Der untere Fotorand ist mit einem Papierstreifen zugeklebt, meine Beine sind abgeschnitten, der grüne Boden unter mir verschwunden.

In seiner unleserlichen Handschrift entschuldigt sich Henry für einen Belichtungsfehler und ein fast unbrauchbares Foto.

Ich aber liebe dieses Foto.

Noch heute weiß ich genau, dass ich in jenem Moment, als Henry das Foto schoss, von dem weiten Horizont vor mir träumte, dass ich dankbar war, am Leben zu sein, und dass ich um Schutz bat für den morgigen Tag, wenn ich ebenfalls auf dem *One Mans Path* sein würde.

Slieve League II

Der schmale, gebogene Steg aus Steinen, hunderte Meter hoch, lag wie eine Bedrohung vor uns. Eine steingewordene Hängebrücke über der Tiefe, die ein Stück weggerissenen Fels mit dem Rest verband. Zu beiden Seiten stürzte das Auge in die Tiefe, und die Gedanken mit.

Schwindel packte mich.

Ich wich einen Schritt zurück, weg vom Abgrund.

„Hier ist er also runtergestürzt", meinte Henry.

Ich schwieg, stellte mir seinen Sturz vor, seine letzten Momente.

Woran hatte er gedacht?

An seine Eltern? An seine Freundin?

Hatte er überhaupt eine gehabt?

An das Leben, das er gleich für immer verlieren sollte?

An Gott?

Windböen fuhren heran, Henry wankte.

Er sank auf die Knie und überquerte den scheinbar in der Luft schwebenden Steinpfad auf allen Vieren.

Ich hielt den Atem an, spürte mein Herz bis zum Hals schlagen, und tat es ihm gleich.

Nicht gerade heldenhaft, dachte ich, aber eine Nummer sicherer bei diesem Wind, als aufrecht darüberzugehen mit einem siebzehn Kilo schweren Rucksack.

Eine Stunde später lagen wir langgestreckt im blassen Lila irischen Heidekrautes und stritten uns einmal nicht um den Brotaufstrich.

Jeder war wohl auf seine Art ergriffen von den Ereignissen der letzten Stunden und dem famosen Blick von hier oben auf den schieferfarbenen Atlantik.

„Hast du schon einmal versucht, Wellen zu zählen?", fragte ich Henry.

„Was für ein Quatsch!", prustete er, „lass uns absteigen, bevor du noch anfängst, Heideblümchen zu zählen."

Die Hänge und Ausläufer der Klippen lagen violett schimmernd im späten Nachmittagslicht unter einem niederen irischen Himmel. Man musste beinahe den Kopf einziehen, um nicht gegen die bauschigen Kumuluswolken zu stoßen.

Bergabwärts verloren wir schnell an Höhe und sahen schon von weitem den sandfarbenen Halbmond in sattes Grün gefasst. Eine Postkartenbucht lag einsam und menschenleer zu unseren Füßen. Ihr Rand, wellenverziert, silberhell.

Ein Traumbild.

Später lasen wir im Reiseführer, es sei der schönste Strand Irlands.

Wir beschlossen, genau hier zu übernachten, auf Sand, unter freiem Himmel, sammelten Holz und schichteten es zu einem Wigwam.

Die Flammen stoben in den dunklen Nachthimmel hinaus.

Henry rannte immer wieder los, neues Holz zu suchen. Das Feuer musste man kilometerweit sehen.

„Wie ein Leuchtfeuer!", brüllte er gegen die Brandung an.

Henry hatte die Idee, später die Glut im Sand zu vergraben und darauf unsere Isomatten auszubreiten. Das sollte uns warmhalten. Ich war froh, dass es nicht meine Idee gewesen war, angesichts dessen, was mitten in der Nacht passieren sollte.

Gegen Mitternacht war die Hitze unter mir unerträglich. Ich rückte mit allem ein paar Meter weiter weg. Henry schlief tief und fest.

Ich erwachte an seinem Geschrei.

Sein Schlafsack brannte.

In Henrys aufblasbare Isomatte hatte sich ein Loch gebrannt und war auf den Schlafsack übergegangen.

Henry hüpfte herum, schrie, warf Sand auf seinen Schlafsack und kickte wütend seine kaputte Isomatte über den Strand.

Ich bog mich vor Lachen und musste daran denken, wie er zu Beginn unserer Reise meine sogenannte Billigmatte verspottet hatte. Wer lag nun schön isoliert mitten in der Nacht gepolstert in seinem kuscheligen Schlafsack. Er oder ich?

Besser als Kino, dachte ich und ließ ihn herumfuhrwerken, bis er sich irgendwann beruhigt, einen neuen Schlafplatz gefunden hatte und wir beide wieder eingeschlafen waren.

„Sag bloß nichts", meinte Henry gereizt beim Aufwachen.

„Auf keinen Fall!", grinste ich.

Auf dem gesamten Weg zurück zu unserem Wagen brütete Henry schlechtgelaunt vor sich hin.

Wir kreuzten schweigsam durch Donegal, fuhren den Wagen irgendwo auf der Strecke auf den Hinterhof eines noch geschlossenen Pubs und entdeckten zu unserer Erleichterung, das sich in einem kleinen angebauten Häuschen, das offen stand, die Toilette befand.

Wir losten aus, wer zuerst gehen durfte.

Ich gewann.

Im Lokus roch es unangenehm.

Natürlich setzte ich mich nicht auf die fehlende Toilettenbrille, sondern nahm die Stellung eines Skifahrers beim Abfahrtslauf ein.

Während des Vorgangs entdeckte ich an meinen Beinen winzige schwarze Punkte, auch in meiner Leiste, und gut versteckt in meinen Schamhaaren. Ich befürchtete, dass ich sie auch noch an ganz anderen Stellen meines Körpers entdecken würde. Und sollte recht behalten.

Zecken!

Mir wurde brandheiß.

„War`s so schlimm", grinste Henry, „ist das Angstschweiß auf deiner Stirn."

Er kicherte.

„Schau dir mal genau deine Beine an, wenn du gleich kacken gehst", erwiderte ich, „das Grinsen wird dir vermutlich vergehen."

Ihm schien sogar die Notdurft vergangen zu sein, denn er kam gleich wieder zurückgerannt.

Und auch das Kichern war ihm vergangen.

Wir hatten keinen Handspiegel dabei, warum auch. Es blieb uns nichts anderes übrig, die intimste Stelle des menschlichen Körpers dem Freund zu offenbaren, um die Zecken an jener Körperöffnung entfernen zu lassen, sofern es dort ebenfalls welche gab.

Es kam für uns beide so schlimm wie befürchtet. Auch dort hatten sie sich festgebissen, diese ekligen Blutsauger.

Ich bin ziemlich sicher, diese Erfahrung hat uns beide einander wirklich nähergebracht.

James Connolly

Nachdem wir uns mit hochroten Köpfen vor Scham von den kleinen Biestern in den Körpernischen befreit hatten, waren wir so erschöpft, dass wir die Rückbank des Kombis herunterklappten und in unsere Schlafsäcke krochen.

Ich erwachte vom Geprassel auf dem Autodach.

Heavy Rain, dachte ich.

Trotzdem nicht laut genug, das Knurren meines Magens zu übertönen. Oder war es vielleicht Henrys Magen?

„Wer ist dran mit Essen holen?", murmelte Henry verschlafen.

„Du."

„Nicht dein Ernst?"

„Denke schon."

„Du lügst."

„Ich lüge nie."

„Das ist eine Lüge."

„Stimmt. Wie wär`s mit Essen gehen?"

Ich deutete zum Pub hinüber.

„Hat bestimmt noch geschlossen", meinte Henry und drehte sich zur anderen Seite.

„Gibt`s noch Kekse?", wollte ich wissen.

„Nein!"

„Brot?"

„Nein!"

„Cheddar?"

„Nein!"

„Gibt es überhaupt noch irgendwas Essbares?"

„Nein!"

„Henry?"

„Ja?"

„Du nervst."

Er kicherte.

Ich steckte mir Kopfhörer in die Ohren und hörte Musik. Wir hatten so viel übers Essen gesprochen, ich wusste, es würde Henry nicht unberührt lassen. Man konnte sogar an seinem Hinterkopf sehen, wie es vorne in der Stirn arbeitete.

Der erste Song war noch nicht einmal zu Ende, da tippte er mich an. Ich nahm einen der Hörstöpsel aus meinem Ohr und fragte, was los sei.

„Ich habe Hunger", krächzte er.

„Ich nicht."

„Du lügst ja schon wieder", entgegnete Henry.

„Bei diesem Regen ist es besser, man hat keinen Hunger", sagte ich.

„Du bekommst meinen Schirm", meinte Henry, „im Ort muss es einen Laden geben."

„Ich renn doch nicht mit einem Schirm durch Irland", rief ich.

„Macho-Gehabe!", meinte Henry.

Das ging noch gut eine Stunde so hin und her. Essen holte jedenfalls keiner.

Der Regen ließ mit der Dämmerung nach. Die Trommelmusik auf dem Autodach verstummte irgendwann völlig. Drüben im Pub flammten erste Lichter auf. Ein Auto fuhr auf den Parkplatz. Ein älteres Paar stieg aus, ging ums Haus herum.

„Die ersten Gäste," grinste Henry, „mach dich fertig, kämm dich, zieh dir ein frisches Hemd an, neben dir verwelken ja die Blumen."

Ich boxte ihm gegen die Schulter.

Er hasste das.

Henry war als Erster im Pub, saß schon, als ich eintrat, winkte mich grinsend heran.

„Du hast bestimmt schon bestellt", bemerkte ich.

„Klar", erwiderte er lächelnd, „keine Zeit zu verlieren."

Ich traute meinen Augen nicht, an den Wänden hingen überall eingerahmte Goldene Schallplatten, gerahmte Zeitungsartikel und Poster der irischen Popgruppe *Clannad*.

Was war das hier?

Während wir aßen, füllte sich das Pub.

Als alle Tische besetzt waren, betrat der Pub-Chef, ein grauhaariger älterer Mann mit freundlichem Lächeln, die kleine Bühne und begrüßte die Gäste durch ein Mikrofon.

Er erzählte, dass seine Kinder hier, wo wir, seine Gäste, jetzt saßen, angefangen hätten zu proben, damals, vor langer Zeit, und dass aus ihnen eine der bekanntesten Musikbands der Welt geworden war.

Einfach unfassbar, dachte ich.

Wir hockten bei Fisch und Pommes beim Vater der Bandmitglieder der angesagtesten irischen Musikgruppe. Ich hatte Platten von ihnen zuhause im Regal stehen.

Ich guckte Henry an. Der studierte schon wieder die Speisekarte. Wahrscheinlich suchte er darin nach selbstgebackenen Scones oder Apple Pie.

Ich stieß ihm in die Rippen. Er jaulte auf.

„Weißt du eigentlich wo wir hier sind, Mann!", raunzte ich ihn an.

„Ja, irgend 'ne Band ...", erwiderte er.

„Und mit dir streife ich durch Irland!", klagte ich.

Ich überlegte, ob da echte Goldene Schallplatten an den Wänden hingen oder nur Duplikate, als Henry aufsprang, nach vorne zur Bühne ging und dem Mann, der noch immer von seinen Kindern erzählte (wer konnte es ihm verdenken) etwas ins Ohr flüsterte.

Der Mann nickte, lächelte, nickte und lächelte nochmals.

„Was war das denn?", fragte ich Henry, als er zurück kam.

Er schüttelte beiläufig den Kopf und winkte ab, gab mir zu verstehen, ich solle abwarten.

Papa Clannad stülpte das Mikrofon auf den Halter, griff nach seiner Gitarre und sang den Gästen nach alter Weise ein Lied.

In den Beifall hinein erklärte er, es gäbe hier bei ihm eine Tradition, nämlich jene, dass alle seine Gäste, egal woher sie kommen, ein Lied, ein Gedicht oder einen Vers aus einem Stück vortragen müssen.

Er beteuerte schmunzelnd, dass bisher noch nie jemand gekniffen habe.

Ach du Scheiße, dachte ich.

„Lass uns gehen", sagte ich zu Henry.

Henry grinste mich an.

Und es sei ihm heute eine außerordentliche Freude, betonte Papa Clannad in diesem Moment, einen Musiker aus Deutschland unter seinen Gästen zu wissen, der sogar noch eine Vorliebe für die irische Musik habe.

Ich wusste, was jetzt kam.

Henry neigte sich zu mir und flüsterte mir zu: „Wolltest du das nicht schon immer, einen Auftritt in Irland? Hier ist er."

Er zeigte zur Bühne, wo mich der lächelnde Mann am Mikro gerade zu sich winkte.

Ich presste ein Ich-bring-dich-um durch die Zähne und erhob mich.

Ich wunderte mich, wie schwer meine Beine waren. Papa Clannad begrüßte mich, bedankte sich für meinen Mut, sagte ins Mikro, dass er vorhin natürlich geflunkert habe, als er versprochen hatte, dass noch nie jemand gekniffen hätte, woraufhin alle Gäste in Lachen ausbrachen.

Da stand ich also.

Jetzt noch zu kneifen, kam nicht in Frage.

Er fragte mich, welchen Song ich singen werde und ob er mich auf der Gitarre begleiten solle.

Ich sagte ihm, der Song heiße *James Connolly* und dass ich ihn a cappella singen werde.

Er zog anerkennend die Augenbrauen hoch, stellte seine Gitarre zur Seite und verließ mit einem respektvollen Blick Richtung Publikum die Bühne.

Ich sang ihn, wie ich ihn ab da jedes Mal gesungen habe, mit geschlossenen Augen.

Während ich sang, spürte ich die Musik durch mich fließen. Die Melodie trug mich, trug auch sich selbst. Ich spürte sie in meiner Brust. In meinem Blut. Ich atmete sie.

Ich behielt die Augen noch einige Augenblicke geschlossen, dachte an James Connolly, sein Leben, vor allem an seinen Tod. Als ich die Augen öffnete, hörte und sah ich nur Beifall klatschende Hände.

Doch ich wollte schnellstens zurück auf meinen Platz.

„Ein voller Erfolg", klopfte Henry mir auf die Schulter, „Glückwunsch."

„Glaub ja nicht, dass du davonkommst",
prophezeite ich ihm und genoss meinen ersten kleinen musikalischen Erfolg in Irland.

No Service

Dieser irische Morgen schmeckte wie ein billiges Pfefferminzbonbon.

Henry und ich hockten mies gelaunt bei einem dürftigen Frühstück am Rande einer Bucht, aus der das Meer gewichen war.

Überall stinkendes Seegras und Algenknäuel zu unseren Füßen. Herumschwirrende Mücken. Der Himmel drückend und schwer. Aber es war noch irischer Himmel.

Die Milch war uns ausgegangen, der Schoko-Brotaufstrich kurz davor.

In diesem Sommer sollte das der letzte Morgen auf der geliebten Insel sein.

Henry schlug eine kühne Wette vor.

Wer das beste irische „Grün" erfand, durfte den letzten Rest Brotaufstrich aus dem Glas kratzen. Jeder durfte drei Vorschläge machen.

Wir sollten absolut ehrlich sein, forderte Henry, auch wenn wir fänden, der andere habe das bessere Wort.

Ich fügte hinzu, dass wir gerade dann absolut ehrlich sein sollten, überlegte ein paar Augenblicke und stimmte der Wette zu.

„Schlag ein", sagte Henry, er hielt mir die Hand hin.

Ich schlug ein.

„Du darfst beginnen", meinte er gönnerhaft.

„Smaragdgrün", sagte ich.

„Langweilig", gähnte Henry gespielt, „na gut, jetzt ich: Olivgrün.

Ich räusperte mich, wiegte den Kopf.

„Lindgrün", entgegnete ich kämpferisch nach einer Weile.

„Wohl zu viele Gedichte geschrieben", gluckste Henry siegessicher.

Er schien zu grübeln. Oder tat nur so.

„Malachitgrün," sagte er nach einer Weile, durchaus triumphierend.

Offenbar glaubte er, diesen Wettbewerb zu gewinnen.

Ich konzentrierte mich, sah ihn plötzlich vor mir liegen, er war Teil unseres knappen Frühstückes. Henry hatte ihn gestern in einem winzigen Einkaufsladen in den Wicklow Mountains gekauft.

Ich verkniff mir ein Lachen.

„Grannysmithgrün", sagte ich.

„Du fieser Hund!", knurrte Henry, griff nach dem Apfel vor ihm und biss verärgert grinsend hinein.

„Du darfst auskratzen", fauchte er.

Ich bestrich ausgiebig mein Soda Bread mit der Schokoladencreme, musste aber feststellen, dass es mir nicht so gut schmeckte wie sonst.

Auf die Frage, ob er nicht doch auch ein Brot wolle, Wette hin oder her, winkte Henry ab und tat so, als ob ihm sein Granny Smith außerordentlich gut schmeckte.

Die Iren liebten diese Apfelsorte zu jener Zeit.

Wir Deutschen auch.

Stunden später fuhren wir schweigend die Küstenstraße entlang Richtung Fährhafen.

Ich zählte irische Schafe, um abgelenkt zu sein und um mich nicht mit dem Abschied beschäftigen zu müssen.

Henry war ein schlanker Kerl, doch meistens hungrig. Und im Hunger schlecht gelaunt.

Bis zum Auslaufen der Fähre blieb noch Zeit.

„Wir können also noch in einem Restaurant essen, anstatt heute Abend gammelige

Pommes und lauwarmen Fisch auf der Fähre zu mampfen", bemerkte Henry, „diesen Kantinenfraß."

In der nächsten kleinen Stadt wurden wir fündig. Das Restaurant lag direkt an der Hauptstraße.

Es gefiel uns. Nicht allzu viele Leute darin. Wir nahmen an der Theke Platz, warteten allerdings eine ärgerliche Ewigkeit, bis der Kerl hinter der Bar sein Gespräch beendete und zu uns herüberkam.

Wir wollten gerade den Mund auftun und Fish'n'Chips bestellen, als der Barkeeper tonlos meinte: „No service for you."

Ich schaute Henry verdutzt an.

Henry kehrte sich plötzlich nach innen, verstummte.

Der Typ sagte noch einmal, diesmal allerdings eine Spur eindringlicher: „No service for you!"

„Worum geht es, Henry?"

Mein Englisch war zu jener Zeit unterirdisch. Das Wort „service" tauchte darin bis zu jenem Moment nicht auf.

„Er will uns nicht bedienen", wandte sich Henry betreten an mich.

„Fish'n'Chips, please", wiederholte ich unsere Bestellung.

„No service for you!" sagte der Barkeeper, jetzt schon sichtlich gereizt.

„Why?" blaffte ich ihn an.

„No service for you!", wiederholte er.

„Der Typ nervt mich", sagte ich zu Henry, „was ist sein Problem?"

„Wir werden hier nicht bedient", erklärte Henry.

„Warum nicht, verdammt?"

Die Zündschnur an meinem Pulverfass brannte schon.

„Er glaubt, wir sind schwul", erklärte Henry.

Ich prustete los: „Wegen deiner zerrissenen Jeans", kicherte ich, „die schwarzhaarige Lady in Doolin konnte gar nicht mehr aufhören auf dein Knie zu starren. Du solltest nicht so unsittlich sein, Henry ..."

„Wegen deinen beiden Ohrringen", erklärte Henry und schickte sich an zu gehen.

„Hey, warte mal, wir lassen uns doch nicht von diesem Typen rauswerfen. Der muss uns bedienen. Wir sind Gäste. Touristen. Ich lass mich hier doch hier nicht wegschicken, Scheiße."

Henry schaute drein, als ob gleich ein Unwetter losgehen würde.

Die anderen Gäste schienen nichts von alldem mitzubekommen. Der Kerl hier wickelte uns ganz routiniert im Stillen ab.

Gläserklirren, klapperndes Besteck und Stimmengewirr wurden in meinem Kopf zu einem dumpfen Rauschen, welches mir das Denken enorm erschwerte.

Ich schien nur noch aus einem Gefühl zu bestehen: Wut.

„Lass uns abhauen", murmelte Henry, „das gibt nur Ärger."

„Und wenn schon", erwiderte ich mit aufgestellten Nackenhaaren, „nur weil wir so aussehen, ich glaube der hat nicht mehr alle Latten an seinem irischen Zaun. Haben wir uns vielleicht geküsst, haben wir etwa Händchen gehalten, als wir hereingekommen sind?"

Jetzt wandte ich mich aufbrausend an den Barkeeper: „What's your problem?", fuhr ich ihn an, die Fäuste ballend.

Aus meinen Augen mussten feurige Blitze schießen, denn Henry sprang vom Barhocker, zog mich mit und bugsierte mich beschwichtigend nach draußen.

„Willst du an deinem letzten Abend etwa in eine Rangelei geraten?", knurrte Henry.

„Gerade an meinem letzten Abend. Das hier ist die Sache doch wert, findest du etwa nicht?"

Ich wollte zurück in den Laden, aber Henry hielt mich mit einer flapsigen Bemerkung davon ab.

Um sicher zu gehen, dass ich es mir nicht doch noch anders überlege, legte er gleich noch mit ein paar Albernheiten nach und bekam mich herum.

„Ich hätte ihm eine reinhauen sollen für diese Diskriminierung", fauchte ich später im Auto.

„Die Iren sind noch nicht soweit", bemerkte Henry, „die brauchen noch ein Jahrzehnt."

Nach einer Weile fügte er wehmütig hinzu: „Hoffen wir, dass es schnell vergeht."

Poisened Glen

Henry hatte die Insel gegen eine andere Insel
eingetauscht.

Er saß jetzt an einem kleinen Schreibtisch,
in einem kleinen Büro bei einem großen bay-
rischen Autohersteller. Und die Insel war
nicht etwa der Freistaat, sondern der kleine
Schreibtisch.

Mich begleitete in jenem irischen Jahrhun-
dertsommer jemand, der zwar nicht ganz so
witzig wie Henry war, aber bedeutend hübscher, und sogar weiblich.

Uta!

Sie hatte den Wunsch verspürt, Irland mit
dem Fahrrad zu erkunden. Es klang nach einem Abenteuer, ich willigte gerne ein.

Am Tag unserer Ankunft schien die Sonne
ungehindert. Nicht eine Wolke hatte sich in
den Himmel verirrt. Das Thermometer war
bis zum Mittag auf 33° Celsius geklettert.

In Donegal Town liehen wir uns Fahrräder, parkten den Kombi auf dem Hof des
Fahrradverleihs und radelten los.

In der ganzen Stadt hatte ich keine Sonnenschutzcreme gefunden. So etwas hatte ich in Irland auch noch nie gebraucht.

Es sollte sich zeigen, dass man in Irland, egal in welche Richtung man radelt, immer Gegenwind hat. Selbst bei 33° Celsius.

Am siebten Tag, wir waren gerade mal bis Dunfanaghy gekommen, beschlossen wir zu ruhen und die Räder wieder zurück zu radeln. Die Gegenwind-Theorie wurde auch hierbei wieder bestätigt.

Noch immer war das Wetter unverändert. Man kroch morgens aus seinem Zelt und wurde gleich wie ein Grillhähnchen geröstet.

In meinem Gesicht schmerzte ein Sonnenbrand, für den ich überall bemitleidet wurde. Ich hasste die Radfahrerei in diesem Sommer. Und ich hasste diese unbarmherzige, sengende, niemals Ruhe gebende Sonne.

Wir radelten quer durch Donegal zurück. Ich verfluchte jeden einzelnen dieser Meter. Kein einziger Laden in Donegal besaß noch eine Sonnenschutzcreme in seinem Sortiment.

In Falcarragh hatte mich ein Ladenbesitzer angegrinst und gemeint, in ganz Irland gebe es keine Sonnenschutzcreme mehr. Die Insel sei leergekauft.

Die Insel, so so...

In Milford geschah das Wunder.

In einem winzigen Tante Emma Laden, zwischen Zahnpasta und schwarzer Schuhcreme entdeckte ich sie! Laut Haltbarkeitsdatum war sie zwar schon seit einem Jahr abgelaufen, aber wen störte das angesichts des Sonnenbrandes und der Schmerzen in meinem Gesicht.

Sie wies den höchsten Lichtschutzfaktor aus, und war so fest, dass man sie regelrecht mit einem Spachtel auftragen musste. Ich kleisterte sie in dicken Schichten auf mein Gesicht.

Uta meinte, es sehe wie eine Quarkmaske aus, direkt aus dem Kosmetikstudio.

Dickes, undurchdringliches Weiß mit zwei Augen und Mund darin, das alles vor einem azurblauen Himmel, noch dazu auf einem Fahrrad.

Ein radelnder Clown.

Autofahrer hupten, wenn sie mich sahen. Spielende Kinder am Straßenrand bogen sich vor Lachen, riefen ihre Freunde herbei, wenn ich an ihnen vorüber radelte. Sogar Hunde bellten mich feindselig an.

Auf der Rückfahrt verfuhren wir uns im Hinterland. Wir schlugen unser Zelt zwischen wildem Rhododendron und Montbretien-Büschen auf.

Tags darauf schoben wir entkräftet über weite Strecken unser Rad immer wieder bergaufwärts.

„Höchst bergige Gegend!", rief ich angestrengt über die Schulter zu Uta, die mit dem Anstieg kämpfte und keine Antwort gab.

Vor mir tauchte der höchste Punkt einer Anhöhe auf, er versprach eine Talfahrt. Kein weiterer Hügel, keine nächste Steigung in Sicht. Welch ein Glück!

Die Sonne brannte unbarmherzig vom Himmel herab, der in seinem Lichtblau schon seit Tagen erstarrt war. Oben angelangt, stieg ich völlig erschöpft vom Rad.

Mein eigenes Atemgeräusch war so laut, dass ich die unheimliche Stille und Reglosigkeit um uns herum zuerst nicht wahrnahm.

Unter uns erstreckte sich ein Tal, mit einem See darin, umrahmt von einer sanften Hügelkette.

Ich erschrak.

Aus dem Wasser ragte die obere Hälfte eines Kirchturmes. Der Rest der Kirche war im See ertrunken. Der See wie erstarrt, kein Lüftchen ging darüber.

Jetzt erst nahm ich wahr, dass kein Vogel mehr zwitscherte. Auch sonst vernahm man keinen Laut. Selbst der Wind schien das Tal zu meiden.

Totenstille.

„Dieser Ort macht mir Angst", flüsterte Uta, die neben mir aufgetaucht war, „lass uns bitte weiterfahren."

Wir rasten so schnell wie möglich den Berg hinunter und aus dem Tal hinaus, vorbei an einem Schild, auf dem „Poisened Glen" stand.

Der Fahrradverleiher erkannte wegen meiner Gesichtsmaske nur an Uta, wer wir waren, und grinste belustigt.

Mein Steißbein und ich atmeten jedenfalls erleichtert auf, als ich den Drahtesel zurückgab und wieder in mein Auto steigen konnte.

Tage später erst, in Letterkenny, erzählte mir ein irischer Farmer, der in der Nähe jenes Tales wohnte, es gäbe eine Legende, die besagt, dass Gott dieses Tal vergiftet habe.

Am Ende des Tages

Uta überredete mich tatsächlich noch ein weiteres Mal, Fahrräder auszuleihen.

Ich wusste nicht, wie sie das angestellt hatte, aber willigte am zweiten Tag ihrer Überzeugungsarbeit ein.

In Dungloe liehen wir uns frühmorgens mangelhafte Mountain Bikes zu einem akzeptablen Preis und starteten durch.

„Donegal Tour Teil Zwei!", rief Uta, stieg in die Pedale und radelte los.

„Super!", rief ich ihr witzelnd nach.

In Burtonport rief ich eine Teepause aus. Uta grummelte vor sich hin, wollte unbedingt weiterfahren.

Natürlich schien wieder die Sonne. Und natürlich hatte man wieder Gegenwind. Woher der nur unentwegt kam? Die hochgelegene Küstenstraße und der Blick auf den Atlantik entschädigten jedoch für viel Mühe und Strapazen.

In Gweedore schlug ich vor, ein Hostel zu suchen. Uta lachte laut heraus.

„Kommt nicht in Frage!", sagte sie, „diesmal radeln wir rund um Donegal!"

Ich wollte etwas erwidern, doch sie war schon wieder davon gestochen.

„Hast du eigentlich keinen Gegenwind?", rief ich ihr hinterher.

Keine Antwort.

In Middletown hielten wir, um ein Eis zu essen.

„Ich will schwimmen", sagte ich.

„Okay, wir machen 'ne Pause", entgegnete Uta.

Ich blickte sie erstaunt an.

„Keinen Einwand?", fragte ich verdutzt.

Sie lächelte nur.

Irgendwo zwischen Middletown und Bloody Foreland bogen wir von der Küstenstraße Richtung Strand ab.

Wir zogen die Schuhe aus, schoben unsere Räder über den Sand, breiteten eine Decke aus, und Uta bereitete Sandwichs zu, während ich schwamm.

Das Meer ließ mich frösteln, zerrte an meiner Haut, vor allem an den Beinen. Doch laut prustend und jubelnd stieß ich immer wieder in die Wellen, tauchte hinab in die dunkle Kälte, ließ mich umgeben vom Schweigen, ließ mich tragen, weg, weit weg.

Alle Strapazen fielen von mir ab bei diesem Bad im Meer, alle Last.

Ich fühlte Glück.

Beim Zurückrennen an den Strand, zu Uta, zu Essen und Sonne, entdeckte ich den dunklen Wagen, der oben auf dem höhergelegenen Parkplatz stand.

Er kam mir bekannt vor, ich wusste nur nicht mehr, woher. Hatte ich ihn nicht heute schon einmal irgendwo gesehen?

Der Fahrer saß hinter dem Steuer, blickte zu uns.

Bald danach packten wir zusammen und schoben die Fahrräder wieder zurück auf den Schotterweg.

Der Motor des Wagens wurde gestartet.

Kaum hatten wir die Bucht und die Stichstraße hinter uns gelassen und befanden uns wieder auf der Küstenstraße, tauchte der Wagen in einiger Entfernung hinter uns auf.

Ich erwähnte Uta gegenüber nichts.

Es war mitten am Tag, Menschen waren unterwegs, was sollte passieren? Außerdem musste ich mich irren, hier konnte es niemand auf uns abgesehen haben.

Weshalb auch?

Ein Raubüberfall?

Warum uns ausrauben, dachte ich, zwei Fahrradfahrer, die durch Donegal strampelten.

Uta?

Hatte er es auf Uta abgesehen?

Mir wurde unwohl.

Aber das war Irland! Hier konnte ich mir so etwas einfach nicht vorstellen.

Warum nicht?, fragte ich mich nach einer Weile.

Weil Irland erzkatholisch war?

Weil ich so viele nette Menschen in diesem Land kennen gelernt hatte?

Weil ich von keinen Verbrechen hörte?

Außer eben diejenigen, die im Rahmen des Nordirland-Konfliktes verübt wurden. Oder den Autodiebstählen in Limerick. Und den sexuellen Missbrauchsvorfällen, mit denen die katholische Kirche in Verruf gekommen war.

Reichte das etwa nicht?

Am Nachmittag entdeckte ich den Wagen hinter uns nicht mehr.

Wir legten eine Pause am Meer ein.

Ich ging wieder schwimmen.

In Gortahork stoppten wir für Fish'n 'Chips.

„Eigentlich könnten wir jetzt nach einer Unterkunft suchen, meinst du nicht?", warf ich kauend ein.

Uta starrte mich ausdruckslos an.

„Nicht dein Ernst, oder", entgegnete sie, „du willst jetzt schon kneifen und dich für heute zur Ruhe setzen? Ich denke, wir schaffen noch ein paar Kilometer."

„Ach komm, wir sind heute schon genug geradelt", sagte ich. „Lass uns noch eine Kanne Tee bestellen und uns hier in ... wo sind wir hier gerade ..."

„Gortahork", sagte Uta und verzog das Gesicht.

„ ... eben, in Gortahork zur Ruhe setzen."

„Kommt gar nicht in Frage", protestierte Uta, erhob sich und kramte ihre Sachen zusammen.

„Du bezahlst", lächelte sie, „ich warte draußen auf dich."

Sie saß schon wieder auf ihrem Drahtesel, als ich etwas genervt den Schnellimbiss verließ.

Kaum sah sie mich aus dem Laden kommen, stieg sie grinsend in die Pedale und radelte los.

Gerade hatten wir die letzten Häuser von Gortahork hinter uns gelassen, da entdeckte ich wieder den dunklen Wagen. Er fuhr in einiger Entfernung hinter uns her.

Er spielte ein Spiel, ließ sich zurückfallen, verschwand für Minuten, tauchte dann wieder auf, immer in gebührendem Abstand.

Eine Stunde ging das so. Vielleicht auch länger.

Die Route führte uns von der Küste weg, etwas ins Landesinnere hinein, wo die Landschaft sich veränderte, einsamer wurde, weiter, verlassener.

Eine Weite, die mit einemmal Angst machte. Kaum noch Häuser und Gehöfte im Hinterland, schon gar nicht direkt an der Straße. Außerdem dunkelte am Horizont die Nacht herauf. Als ob sich mit ihr Unheil ankündigte.

In meinem Rücken spürte ich die Scheinwerfer des Wagens. Sie waren da. Verfolgten uns. Ich hielt abrupt an, wartete auf Uta und gab ihr zu verstehen, dass sie anhalten solle.

„Was ist los, warum halten wir?", fragte sie schnaufend.

„Dieser Wagen verfolgt uns", sagte ich und zeigte die Straße entlang, die sich sehr weit hinter uns in einer Biegung verlor.

Genau dort hatte das Auto gehalten.

„Siehst du", rief ich aufgebracht, „jetzt hält er auch."

Uta wandte sich um, verlor das Gleichgewicht und fiel hin.

„Was erzählst du denn da", meinte sie aufgebracht, am Boden liegend, „jetzt kuck dir den Salat an!"

Sie zeigte mir, schmerzvoll durch die Zähne zischend, ihre aufgescheuerten Hände. Ich half ihr auf.

„Tut mir leid, Uta", entgegnete ich, „aber es stimmt, der Wagen verfolgt uns schon seit Stunden."

„Ach ja, und wieso sagst du mir das erst jetzt?"

„Zuerst dachte ich, dass ich mich täusche, dann wollte ich dich nicht beunruhigen. Dann war er eine Weile verschwunden, aber seit Gortahork ist er wieder hinter uns, schon die ganze Zeit. Er verfolgt uns."

„So ein Quatsch!", rief Uta, schwang sich wieder auf ihr Fahrrad und radelte dem am Straßenrand parkenden Auto entgegen.

Sofort als der Fahrer Uta auf sich zuradeln sah, fuhr er rückwärts, wendete und raste davon.

„Wir müssen uns eine Unterkunft suchen", sagte Uta mit angsterfüllter Stimme, als sie wieder bei mir angelangt war.

„Es gibt kein Hostel hier oben", warf ich ein.

„Dann lass uns nach einem B&B schauen." Utas Stimme zitterte.

Allmählich wurde es dunkel.

Die Dämmerung hatte sich längst wie ein graues Tuch über den Himmel und die Landschaft ausgebreitet. Wir fuhren weiter, schneller als bisher, diesmal nebeneinander.

Nur wenige Minuten später tauchten erneut zwei Scheinwerfer hinter uns auf. Der Wagen fuhr langsam, hielt Abstand.

„Das ist er", sagte ich, „verdammt!"

„Und weit und breit kein Haus", bemerkte Uta erschaudernd.

Unsere kleinen Fahrradlichter verloren sich auf der schwarzen Straße.

Die Wiesen und Felder zu beiden Seiten wichen zurück, ins Dunkel.

Ins Leere.

Als wäre dort nichts als Abgrund.

„Wir müssen etwas finden", beschwor mich Uta, „wir müssen."

„Ich weiß."

Aber wir fanden nichts.

„In einer halben Stunde ist es stockdunkel", prophezeite ich, schweratmend.

„Ich hab Angst", sagte Uta, „und ich kann bald nicht mehr, bin total k.o."

„Scheiße, wenn wir jetzt nicht bald etwas finden, dann…"

„Sag nichts!", fiel Uta mir ins Wort, „bitte sag nichts."

Motorengeräusch.

Das Auto war näher gekommen. Hielt aber weiterhin Abstand.

Der will uns nicht verlieren in der Dunkelheit, dachte ich mir. Ich versuchte mir vorzustellen, wie schlimm es werden würde, wenn wir angegriffen würden. Ob er uns schon bald, wenn es völlig dunkel geworden war, mit seinem Wagen anfahren würde, vielleicht überfahren. Vielleicht nur mich, um sich an Uta zu vergehen.

Oder es war jemand, der nur töten wollte. Ein Psychopath. Ein irischer Psychopath.

In meiner Vorstellungswelt war dies bis jetzt völlig ausgeschlossen.

Selbst jetzt noch.

Wie naiv, dachte ich.

Am Horizont vertilgte die Nacht gerade den letzten sich wehrenden Schimmer roten Abendlichtes. Ich blickte verstohlen über die Schulter.

Die beiden Scheinwerfer stachen mir höhnisch und unheilvoll in den Rücken.

Ich versuchte, mich auf das Schlimmste vorzubereiten, überlegte, ob ich anhalten und mein Klappmesser aus den Fahrradtaschen kramen sollte, als Uta etwas rief, das ich nicht verstand.

„Da vorne", rief sie noch einmal, „schau, da ist ein Schild!"

Ich hatte darauf bestanden, dass Uta vor mir fahren sollte, so hatte ich sie und auch den Wagen besser im Blick. Ich erkannte am Straßenrand, an eine Hecke gelehnt, ein Pappschild, konnte jedoch nicht lesen, was darauf stand.

Uta erhöhte schnaufend ihr Tempo. Ich hängte mich dran. Wir hielten am Schild und lasen: B&B.

„Gott sei Dank!", seufzte Uta.

„Hoffentlich sind sie nicht belegt", bemerkte ich.

„Gib Gott, dass es nicht so ist", murmelte Uta.

Wir schoben unsere Räder die steile Einfahrt hinauf zu dem von Hecken umgebenen Haus, das von der Straße aus nicht zu sehen gewesen war.

Wir stellten eilig unsere Räder ab, ich klingelte fordernd. Eine betagte Dame mit offenem Blick öffnete uns. Ein Türlicht ging über uns an.

„Are you lost?", fragte die Dame und schaute vorbei am Türlicht zum Himmel, der von Dunkelheit nun völlig durchdrungen war.

„Etwas in dieser Art", antwortete ich erleichtert lächelnd.

Wir fragten, ob sie noch ein freies Zimmer habe. Sie antwortete, sie vermiete nur ein einziges Zimmer, mehr habe sie nicht.

Erschrocken schauten Uta und ich uns an.

In Utas Augen funkelte die pure Angst.

Oder sah ich etwa meine darin gespiegelt?

„Aber das ist noch frei", sagte die Frau. „Sie können es haben."

„Unbedingt!", sagte ich, nahm Uta bei der Hand, und wir traten ein.

Unten auf der Straße fuhr ein Auto im Schritttempo vorbei.

Wenige Minuten später räumten wir unsere Sachen in das einzige Zimmer im ersten Stock.

Es war schlicht. Die schweren Vorhänge, mit ausladenden Blumenmustern, waren zugezogen. Die Tapete, ebenfalls blumig, doch andersfarbig und kleingemustert. Auch der Überwurf auf dem Bett trug ein Blumenmuster, unterschied sich aber von den Vorhängen und der Tapete. Auf dem kleinen runden Tisch vor dem Fenster verstaubte ein Strauß Trockenblumen. Und zu guter Letzt hingen über dem Bett, unter einem metallenen Kruzifix, Monets Seerosen.

Ich liebte es schon jetzt, es hatte uns gerettet.

Normalerweise lief der Bezug eines neuen B&B – oder Hostel-Zimmers – nach einem gewissen Schema ab: ein klein wenig Tischerücken hier, Stühleschieben da, nett arrangierte Sitzecke auf einmal. Nippes Figuren verschwinden in der Kommode.

Mitunter muss auch schon mal ein Bild dran glauben und wird bis zu unserer Weiterfahrt im Kleiderschrank eingelagert. Meist bis zur Schmerzgrenze kitschige Mariendarstellungen.

Dann kommen Muscheln zum Vorschein und werden auf Nachttischen und Kommoden ausgelegt, Bücher und Schreibutensilien hinzu, eine Kerze, mit dem Gaskocher heimlich Tee gekocht. Und schon kann es losgehen, das Loslassen der Zeit, das Schwelgen in irischer Gemütlichkeit.

Doch heute nichts davon.

Wir saßen nebeneinander auf dem Bettrand, hielten uns an den Händen und starrten schweigend zu Boden.

Mein Herz schlug bis zum Hals.

Die Dame des Hauses rief die Treppe herauf, meinte, der Tee sei zubereitet.

Sie hatte darauf bestanden, uns noch, wenn auch zu so später Stunde, zu Tee und Gebäck einzuladen.

Schon im Treppenhaus duftete uns wohlig der Tee entgegen.

Ich fühlte ein seltsames Glück, eines, das ich in meinem Leben nicht oft empfunden hatte: plötzlich erfahrenen Schutz und Geborgenheit und das Abfallen einer großen Angst von der Seele.

Sie öffnete die Küchentüre, wies uns die Plätze zu und servierte selbstgebackene Scones zum dunklen Tee, den ich mit Milch vergoldete.

Der heiße Tee holte mich zurück. Ich spürte Erde, Boden unter den Füßen, und spürte, wie ich die Fassung zurückgewann.

Sollte ich jetzt noch einmal in eine solche Situation geraten, würde ich mich anders verhalten, anders handeln, soviel wusste ich jetzt.

Ich schaute mir die Fotos an den Wänden genauer an, während Uta sich mit der Dame des Hauses unterhielt, vom Tag erzählte, jedoch nicht von unserem unheimlichen Verfolger.

Es waren alte Schwarzweiß-Fotografien, schon etwas vergilbt in ihren abgeschossenen Messingrahmen. Immer dieselben jungen Leute, lachend, musizierend, in einer Art Proberaum.

„Das sind meine Enkelkinder", meinte die Dame, an mich gewandt. „Sie haben hier angefangen zu proben, unten im Keller."

Sie lachte.

„Ich habe für sie gebacken, ihnen Essen gemacht und sie versorgt bei ihren Proben", erzählte sie weiter, „oft haben sie auch hier übernachtet und an den Tagen darauf weiter geprobt. Sie waren sehr fleißig."

„Sie waren eine Band?", erkundigte ich mich.

„Ja", antwortete die Lady, „sie nannten sich als Band *De Dannan*."

Ich verschluckte mich an einem Bissen Scones und hustete los. Uta schaute mich verdutzt an.

Ich dachte: wie im Film! Und konnte nicht glauben, was ich da eben gehört hatte.

„De Dannan", räusperte ich mich und schluckte, „hier im Haus geprobt ... unten im Keller?"

Die Dame lachte erneut.

„Aber ja", sagte sie, „kommen Sie mit, ich zeige Ihnen den Proberaum."

Wenige Augenblicke später stand ich im Proberaum der Folk Band *De Dannan*, dort, wo alles begann, im Hause ihrer Großmutter.

Und das alles nach dieser Odyssee. Nach diesem Spuk. Nach diesen Strapazen.

Am Ende dieses unfassbaren Tages.

Das konnte eben auch Irland sein.

Trinity

In meinem Gepäck befand sich ein Buch, das mich seit Monaten fesselte. Schon seit langem las ich ausschließlich irische Autoren. Romane, die in der irischen Vergangenheit spielten, verschlang ich geradezu.

Eines jener Bücher sollte mich in diesem Sommer auf die Halbinsel Inishowen führen. Ich wollte herausfinden, ob der irische Rebell, von dem im Buch erzählt wurde, tatsächlich gelebt hatte, und ob es seine wahre Geschichte war.

Auf der ersten Seite des Buches befand sich eine gezeichnete, historische Karte des alten Inishowens. Originalschauplätze, sozusagen.

Jemand hatte mir erzählt, es gebe in Carndonagh auf Inishowen ein Antiquariat, dessen Besitzer bestens mit der Geschichte der Halbinsel vertraut sein sollte.

Ich konnte nicht ahnen, was dieser Nachmittag mir noch Jahre später bedeuten würde, als Uta und ich uns vor dem Einkaufszentrum trennten, sie, um einkaufen zu gehen, ich, um herauszubekommen, ob jener irische Rebell tatsächlich gelebt hatte.

Uta warf mir augenzwinkernd eine Kusshand zu und verschwand im Einkaufszentrum.

Ich überlegte kurz.

Ich hatte maximal eine Stunde Zeit.

Könnte knapp werden, dachte ich naserümpfend.

Ein Antiquariat ganz nach meinem Geschmack. Es roch kolossal nach uralten verstaubten Büchern, die bis unter die Decke gestapelt waren und wie lauter schiefe Türme von Pisa aussahen.

Der Tisch, an dem der dürre alte Mann in seinem ebenso alten, mausgrauen Anzug saß, hatte statt Tischbeine vier Stapel Bücher, auf denen eine dicke Holzplatte lag.

Durch den kleinen Raum zog beißender Zigarettenqualm. Mit der Hand wedelnd zwängte ich mich an den überladenen, vollgestopften Buchregalen vorbei.

Der Antiquar hockte auf einem Stühlchen, eingenebelt vom Qualm, und zog gierig an einem Glimmstängel, als ich ihm mein Anliegen vortrug.

Natürlich kannte er das Buch, das ich mitgebracht hatte und ihm nun unter die Nase hielt, er hatte es selbst gelesen.

„Great story", meinte er, „a fantastic writer."

Natürlich hatte es ein ausgezeichneter Schriftsteller geschrieben, würde ich sonst damit durch Irland fahren, auf der Suche nach der Wahrheit?

Ich stimmte lächelnd zu.

Der Antiquar wusste jedoch nichts Genaues, führte mich zu einem Regal und meinte, wenn ich überhaupt findig würde, dann hier.

„Alle historischen Bücher zum Thema Inishowen", krächzte er mit seiner verrauchten Stimme.

Ich fragte nach altem Kartenmaterial und zeigte ihm die Karte in dem Buch, das ich mitgebracht hatte. Er blies mir den Rauch ins Gesicht. Ich unterdrückte ein Husten.

Mit zusammengekniffenen Augen, die Zigarette im linken Mundwinkel, zog er mit nikotinverfärbtem Zeigefinger Linien auf der Karte nach und meinte, manche Landverläufe könnten so nicht gewesen sein.

Woher er das wisse, traute ich mich nicht zu fragen.

So alt war er noch nicht, um Zeitzeuge des damaligen Inishowens gewesen zu sein, auch wenn er ein wenig danach aussah mit seinem faltigen, zerfurchten und eingefallenen Gesicht.

Dieser Typus Mann schien für eine bestimmte Art Ire eines dahinschwindenden Irlands zu stehen. Allzuoft begegnete man diesem Typ irischen Mannes jedenfalls nicht mehr. Als Antiquar vielleicht noch, als Historiker vom alten Schlag, als Geschichtenerzähler in rauchgeschwängerten Pubs, als betagte Schriftsteller etwa oder als stolze Poeten, die, wie man weiß, niemals in den Ruhestand gehen.

Und öfter als notwendig sicherlich auch als Trinker an Straßenecken, Bahnhofshallen oder einschlägigen Pubs.

Ich war vertieft in das Lesen der Titel auf den Buchrücken, als eine deutsche Stimme den Antiquar nach genau denselben Dingen fragte wie ich wenige Minuten zuvor, und horchte gespannt auf.

Der Antiquar lachte ein knarrendes Lachen und meinte, was für ein kurioser Tag das doch sei.

Ich trat in den Mittelgang und sah einen sehr großen, blonden, schweren Kerl mit forschendem Blick und demselben Buch in den Händen wie ich, bei dem Antiquar stehen.

Der kleine Antiquar wirkte wie ein dürrer Zwerg neben dem jungen Mann.

„Du bist auf der Suche nach derselben Person wie ich, so wie es aussieht", sagte ich erstaunt zu dem Deutschen.

Er drehte sich verdutzt nach mir um, warf einen Blick auf das Buch in meiner Hand, begann zu grinsen und streckte mir die Hand entgegen.

„Andrew", lächelte er, „eigentlich Andreas, aber Andrew gefällt mir besser. Du interessierst dich auch für Conor Larkin?", fragte er neugierig.

Ganz offensichtlich waren wir beide, angeregt durch das gleiche Buch, an der Lebensgeschichte Conor Larkins interessiert, und unsere Suche führte uns zur gleichen Zeit an denselben Ort.

Ich kaufte ein dokumentarisches Buch über das alte Inishowen und seine Geschichte. Andrew erstand gleich drei Bücher, die er für aufschlussreich hielt. Der Antiquar lächelte und wünschte uns Glück.

Er rief uns im Gehen noch etwas nach, das ebenso gut ein Zitat hätte sein können. So etwas wie dass es vielleicht nur eine Geschichte der Seele sein könnte.

„Ist das nicht ein irrer Zufall", meinte Andrew, einige Minuten später vor seinem Auto, stieg lächelnd ein, kurbelte die Fensterscheibe herunter und wünschte mir Glück bei der weiteren Recherche.

Ich hielt es nicht für einen Zufall. Auch nicht für irre. Aber das ist eine andere Geschichte.

Wir tauschten unsere Telefonnummern aus. Wer zuerst auf neue Informationen in Sachen Conor Larkin stieß, sollte den anderen davon in Kenntnis setzen. Ich fragte mich, ob wir uns wohl daran halten würden.

Hupend, mit seiner großen Pranke winkend, fuhr er in Richtung Malin Head davon.

Mit diesem Burschen hätte ich mich gerne auf ein paar Kannen Tee getroffen und einige Stunden palavert, dachte ich ein wenig wehmütig.

„Wer war das?", fragte Uta schnaufend, beide Hände mit Einkaufstaschen beladen.

„Andrew", lachte ich und nahm ihr die Einkaufstaschen ab, „komm, ich erzähl dir die Geschichte während der Fahrt."

The Most Northerly Point

Wir hatten uns telefonisch zwei Betten reserviert im nördlichsten Hostel Irlands und folgten nun der holprigen Straße Richtung Norden.

Die Landschaft veränderte sich zunehmend, wurde karg und weit. Nur wenige Häuser und Farmen ragten im Grün und Braun der dahingleitenden Hügel und Täler wie grau schimmernde Pilze aus dem Boden.

Uta meinte, diese Landschaft sei wie eine einzige wehmütige Melodie. Ich fragte, aus welchem Gedicht sie diese Zeile habe.

Sie antwortete: „Aus keinem."

Sie zu fragen, ob die Worte von ihr selbst stammten, hätte sie vielleicht für überheblich halten können, also ließ ich es bleiben.

Auf dem kleinen Parkplatz des Hostels parkte kein einziger Wagen.

„Wir sind wohl die Einzigen", freute ich mich.

Uta lächelte.

Es gab eine Klingel, eine richtige Rezeption, und ungefähr einhundert Postkarten aus aller Welt an den Wänden, offenbar von ehemaligen Gästen, die sich gerne an diesen Ort und ihre Zeit hier erinnerten.

Der Mann, der bei unserem Klingeln öffnete, stellte sich als Chef des Hauses vor. Gleich bei der Begrüßung betonte er, dass er Engländer sei, aber schon seit zehn Jahren hier lebe, am schönsten Ort der Welt.

„Ich war Polizist in England", erzählte er, „ein Hostel zu führen ist die Verwirklichung eines späten Traumes. Ich habe diese Entscheidung nicht einen einzigen Tag bereut."

Wir nickten zustimmend.

Während er mit seiner Führung durchs Haus begann, erklärte er, dass bedauerlicherweise derzeit nur *ein* weiterer Gast im Haus sei. Ich fand diesen Umstand jedoch keineswegs bedauerlich.

Er führte uns in die Küche, aus der es klimperte und schepperte.

„Die Küche ist mein ganzer Stolz", berichtete er, ihr werdet gleich selbst sehen, weshalb."

Zuerst sah ich nur den hochgewachsenen Mann, der in gekonnten Bewegungen herumhantierte, würzte, abschmeckte, in einer

Pfanne voller Gemüse herumrührte, lärmend und mit raschen Blicken das Innere der Schränke nach weiteren Gewürzen und Ingredienzien durchsuchte. Alles in zwei, drei Augenblicken. Er musste Koch von Beruf sein, zumindest Hobbykoch, dachte ich.

Es war Andrew!

„So schnell sieht man sich wieder", grinste er bei unserem Anblick, „ihr könnt mitessen, wenn ihr wollt, es reicht für alle."

Andrew erzählte, er arbeite als Koch in Koblenz. Ich verkniff mir ein Lächeln.

Der Kerl kochte unglaublich. Uta fragte nach dem Rezept.

„Es gibt keines", grinste er, „alles improvisiert."

„Great", sagte ich.

Am nächsten Morgen war Andrew schon ausgeflogen, als ich in die Küche schlurfte.

Wir hatten die halbe Nacht gequatscht und dabei einen Pott Tee nach dem anderen getrunken. Ich glaube, ich war erst gegen vier Uhr morgens ins Bett gekrochen.

An der Küchenuhr bemerkte ich, dass der Morgen gar kein Morgen mehr war, sondern längst ein ausgewachsener Nachmittag. Ich rieb mir die Augen. Schon nach drei Uhr. Die

Küche war wie ausgestorben, und Uta nicht aufzufinden.

Ob sie mit Andrew losgezogen ist?, fragte ich mich und spürte ein Unbehagen.

Als ich die Milch aus dem Kühlschrank holte, entdeckte ich den handgeschriebenen Zettel, der am Kühlschrank klebte: „Verfolge eine heiße Spur! Schönen Tag Euch. Bis heute Abend. Andrew!"

Aha.

An dem ist ein Detektiv verloren gegangen, dachte ich.

Ich überlegte, ob ich mir Arme Ritter zubereiten sollte, entschied mich dann aber für Rührei. Auf der Anrichte entdeckte ich ein paar gekochte Kartoffeln von gestern, die ich stattdessen in die Pfanne schnitzte. Noch besser, dachte ich, Bratkartoffeln mit Ei überbacken.

Aber wo steckte Uta?

Während die Kartoffeln brieten, pflanzte ich mich aufs Sofa in den Erker und betrachtete durch die saubersten Fenster Irlands den imposanten Verlauf der Nordküste Donegals.

Das Wetter hing wie die Nadel eines Schallplattenspielers in einer defekten Rille fest. Draußen wieder Sonne, tiefblauer Himmel. Hitze. Der Atlantik spielte glitzerndes Mittelmeer.

Wo trieb sich nur Uta herum, ohne mir eine Nachricht hinterlassen zu haben?

Der Geruch der Bratkartoffeln riss mich aus den Gedanken. Ich schlug die Eier über die Kartoffeln, würzte, schmeckte ab, lud alles auf einen rustikalen Teller, griff nach der Ketchupflasche, ging nach draußen auf die ausladende Veranda, platzierte mich am großen Esstisch so, dass ich Atlantikblick hatte und auch die schmale Straße zum Hostel einsehen konnte.

„Atlantic View", hätte ich dieses Hostel benannt, dachte ich.

Wie immer schüttete ich verschwenderisch Ketchup über die Kartoffeln, sie mussten beinahe schwimmen darin, und nahm die erste Gabel. Zum Glück sah Andrew das nicht, schmunzelte ich, der hasste Ketchup über jeglichem Essen, wie er lautstark erklärt hatte.

Plötzlich sah ich sie als dunklen Punkt seitlich heranfliegen und in meinem Teller landen.

Die fette schwarze Fliege kämpfte in einem enormen Ketchup-Klecks um ihr Leben, drehte sich, wand sich durch die rote Masse, schlug verzweifelt mit Flügeln und Beinen, machte ein unangenehmes Geräusch dabei.

Es war eklig.

Ich stupste die Fliege auf meine Gabel und schnippte sie in hohem Bogen, samt dem Ketchup, das an ihr klebte, hinüber in die Hostelwiese. Aus diesem Teller konnte ich nicht mehr essen.

Überhaupt ekelte mich der Anblick der langgezogenen Ketchupspur zwischen den Kartoffeln. Ich ging in die Küche, schabte alles fluchend in den Mülleimer und machte mich schlecht gelaunt an den Abwasch.

Ich wusste, dass ich lange Zeit keine Bratkartoffeln mit Ei überbacken mehr essen würde. Das kam einer Traumatisierung gleich.

Während ich in viel zu heißem Wasser abwusch, entdeckte ich im Küchenfenster Uta auf der hochgelegenen Abzweigung der schmalen Straße, die nach unten an den Kai führte.

Sie war in Begleitung eines deutlich älteren Mannes im legeren Anzug. Es musste eine anregende Unterhaltung sein.

Beide lachten miteinander, gestikulierten, der Mann unterstrich alle paar Sätze lang sein Gesagtes, in dem er Uta am Arm berührte, ein Mal sogar an der Schulter.

Ein anderes Mal strich er sogar mit den Außenseiten seiner Finger an Utas langen, gewellten Haaren entlang.

Das ging zu weit.

Ich spring ihm ins Gesicht, wenn er mir dumm kommt, dachte ich wütend, trocknete meine Hände ab und ging nach draußen auf die Veranda.

Die beiden gingen nun unterhalb des Hostelgeländes an mir vorüber. Uta winkte mir lachend zu. Der Typ grüßte nur mit einem angedeuteten Kopfnicken.

Unhöflich, dachte ich.

„Wer war der Typ?", fragte ich gereizt, als Uta die Auffahrt heraufkam.

„Der irische Verkehrsminister", sagte sie, „netter Mann."

„Der irische Verkehrsminister?", lachte ich los. „Du verarscht mich wohl?"

Tatsächlich machte der irische Verkehrsminister nebenan für ein paar Tage Urlaub.

Unser Hostel Chef bestätigte es, meinte, er
sei ein sehr netter Mann.

Ich mochte ihn nicht.

Wir bekamen ihn nicht mehr zu Gesicht.

Ist wohl auch besser so, dachte ich.

Fanad und die Folgen

Andrew wollte noch einer allerletzten heißen Spur nachgehen. Drüben, in Nordirland.
Es lag auf seinem Nachhauseweg, wie er
traurig lächelnd erklärte.

So wie es aussah, war er in den Büchern
aus dem Antiquariat auf etwas gestoßen, das
ihn „näher an Conor Larkin heranbrachte",
wie er sich ausdrückte.

Mehr wollte er nicht verraten.

„Nun sag schon, was hast du entdeckt?",
bohrte ich.

„Wird nicht verraten", grinste er.

Dieses Schlitzohr, dachte ich, gibt sich
ganz geheimnisvoll.

Noch einmal erschien seine Hand im Seitenfenster als Abschiedsgruß, diesmal für
länger.

„Besucht mich auf eurer Heimfahrt in
Koblenz!", rief er aus dem Seitenfenster, „ich
hab sogar ein Gästezimmer."

„Machen wir!", rief ich zurück, „bis bald!"

Auch wir wollten weiterziehen, die nächste Halbinsel erkunden: Fanad. In meinen Ohren klang alleine der Name schon nach Musik.

Jemand hatte uns von einem herrlichen Strand an der Spitze der Halbinsel berichtet, der nicht als Badestrand ausgewiesen sei.

Man müsse nach einer schmalen Zufahrt suchen, die halb verborgen hinter einem verlassenen, schon halbverfallenen Haus liege.

Rhododendren-Hecken säumten die schmalen Pisten, die an die Nordspitze der Halbinsel führten. Die Straße schmiegte sich an die Küste, immer wieder tauchte der lagunenblau schimmernde Atlantik im Seitenfenster auf.

Der Hinweis hätte besser nicht sein können. Am verlassenen Haus knatterten wir über eine enge Holperpiste zwischen den Dünen hindurch.

Wir parkten unseren Wagen und stapften mit Zelt und Rucksack in die Dünen hinein.

Ein Mann kam lächelnd auf uns zu, behauptete, ihm gehöre dieser Küstenstreifen, und wenn wir in den Dünen zelten wollten, ginge das nur gegen eine Bezahlung von zehn irischen Pfund pro Nacht.

Sollten wir Müll zurücklassen, erklärte er, würde er uns die Polizei auf den Hals hetzen, unser Autokennzeichen habe er schon notiert.

Sehr freundlich, dachte ich naserümpfend. Wir gaben ihm widerwillig die zehn Pfund.

Er wies uns einen Platz in den Dünen zu. Eine Sandfläche von einigen Quadratmetern, auf der schon, neben einem roten Rover mit irischem Kennzeichen, ein Zelt aufgebaut war.

Wir schlugen unser Zelt auf und wanderten zum Strand hinunter, wo wir kaum unseren Augen trauten beim Anblick des Sandstrandes.

„Und dieser Traumstrand ist nicht einmal in der Karte verzeichnet", sagte ich staunend.

„Vielleicht, weil es hier zu viele davon gibt", meinte Uta.

Einige Stunden sah und hörte man von den Zeltnachbarn rein gar nichts. Erst gegen Abend vernahm man Geräusche, gedämpfte Stimmen und das leise Kichern einer Frau.

Dann kamen die zwei, zerknittert wie Baumwollhemden, aus dem Zelt gekrochen und lächelten freundlich.

Sie kamen zu uns herüber, begrüßten uns per Handschlag und erklärten, sie seien Paul und Roisin aus Derry. In Pauls Derry Akzent klang der Name der Stadt eher nach dem gälischen „Doire".

Paul meinte, wir seien doch sicher auch hungrig, er wolle seinen Grill anwerfen, und lud uns zum Essen ein. Er wartete unsere Antwort nicht ab, sondern öffnete den Kofferraum seines Rovers und rief uns zu sich. Wir staunten irische Torfsoden, was der geräumige Kofferraum des Rovers so alles hergab:

Trockenes Brennholz, Feueranzünder, Kühltaschen voller Fleisch, mariniert, paniert, natur, Würstchen aller Art, Soda Bread und Stangenweise weißes Brot.

Stolz baute er seinen „Camping Grill Deluxe" auf.

Roisin lächelte verschmitzt.

Am Ende hockten wir alle zusammen auf ihrer Picknickdecke mit Flamingo-Dekor und hauten ordentlich rein.

Ein angenehm kühles Lüftchen strich über die Dünen. Uta streifte sich einen dünnen Pulli über.

Paul war der geborene Gastgeber, legte ständig nach, erkundigte sich alle Nase lang nach unserem Wohlbefinden.

Roisin hatte einen köstlichen Salat gezaubert.

Beim Essen erzählte Paul, er arbeite als Klempner, Roisin sei Schneiderin bei „Fruit of the Loom".

Sie gestanden, dies sei ihre Hochzeitsreise. Das englische Wort „Honeymoon" gefiel mir.

„Dann musstet ihr zumindest nicht so weit fahren", lächelte ich.

Das hatte etwas: die Hochzeitsreise auf die gut fünfundzwanzig Minuten entfernte Fanad-Halbinsel zu unternehmen.

„Wir sparen für unser Haus", bemerkte Roisin.

„And it's beautiful here", meinte Paul.

Wobei er schon gerne einmal nach Italien reisen würde, gestand er, aber das musste eben warten.

Ob es je dazu kommen würde, fragte ich mich.

Wenn das Haus erst einmal gebaut ist, sind doch meistens die Kinderchen nicht weit.

„Und Kinder?", fragte Uta plötzlich unvermittelt.

Roisin wollte so schnell wie möglich welche haben, erklärte sie ohne Umschweife und in einem Ton, der keine andere Erklärungsmöglichkeit zuließ, denn das sei doch wohl der Grund, weshalb man heirate.

Uta nickte zustimmend.

„Ich würde auch gerne meine Hochzeitsreise nach Fanad unternehmen, sofern ich überhaupt heiraten sollte", erklärte ich.

„Das müsst ihr unbedingt", entgegnete Roisin „ ... heiraten!"

„She's a catholic", warf Paul grinsend ein.

Roisin boxte ihm verspielt gegen die Schulter.

„Du etwa nicht?", fragte ich ihn.

„Nicht auf diese Weise", meinte Paul. „Wisst ihr, Roisin verpasst keine Samstagabendmesse", fuhr er lächelnd fort, „ außerdem spielt sie leidenschaftlich gerne Bingo."

„Hat denn Bingo etwas mit dem katholischen Glauben zu tun?", grinste ich.

„Ein wenig schon", warf Paul ein und lachte los.

Roisin protestierte gegen diese spöttische Behauptung mit einem langgezogenen, vorwurfsvollen „Pauuuuuul."

„Ich mag die katholische Kirche nicht", sagte Paul, „ich habe zu viele katholische Lehrer in meiner Kindheit gehabt, die Gottes Liebe mit dem Rohrstock in der Welt verbreitet haben. Außerdem musst du dir nur mal die aktuellen Nachrichten anschauen, wie viele von diesen Gottesmännern wegen sexuellen Missbrauchs entlarvt werden."

„Aber dafür darf man doch nicht die Kirche verantwortlich machen", warf Roisin ein.

„Nicht?", zürnte Paul.

Roisin meinte beschwichtigend, dass es kein Thema für diesen Abend sei, noch dazu, wo sie Gäste hätten. Sie schaute Paul tadelnd an.

Er murmelte so etwas wie eine Entschuldigung in seinen kurzgeschorenen Schnauzbart und machte sich daran, den Nachtisch in Form eines selbstgebackenen Kuchens zu servieren. Der Kuchen hatte Roisin in einer dafür vorgesehen Kühlbox aufbewahrt.

Am Abend steckte Paul rings um uns brennende Fackeln in den Sand. Wir hockten bis spät in die Nacht beisammen und lauschten Pauls Derry-Anekdoten.

Bis Roisin als erste aufstand und sich gähnend zur Nacht verabschiedete.

Paul folgte ihr augenzwinkernd und wünschte uns einen erholsamen Schlaf.

Die Brandung weckte mich, wie immer, wenn ich am Meer schlafe. Ich gleite mit ihr ins Bewusstsein. Als wäre sie Musik.

Leise kroch ich aus dem Schlafsack, vermied es dabei, den Reißverschluss zu öffnen.

Etwas mühsam, aber effektiv, um Uta nicht aufzuwecken. Mein morgendliches Schwimmen sollte mir alleine gehören. Nur ich und das Meer. Der wilde Atlantik und ich.

Groß und breit wogte er auf mich zu. Ich warf mich in die kalten Wellen, die über mich hereinbrachen. Ich schwamm mitten in die Gischt, tauchte hinab, in die Stille, ins Getragenwerden, in die Leichtigkeit. Doch die Kälte zerrte an mir, brannte auf der Haut.

Es war wie Neuwerden.

Stärker und intensiver noch, als von einem Sturmwind durchgeschüttelt zu werden.

Wie immer blieb ich viel zu lange im Wasser. Zitternd rannte ich den ganzen Weg über den breiten Strand zurück in die Dünen.

Paul und Roisin packten schon ihre Sachen in den Wagen, ihr Zelt war bereits abgebaut. Paul lachte mir entgegen, meinte, er gehe so gut wie nie schwimmen.

„Viel zu kalt", meinte er und schüttelte sich. „In Italien vielleicht", fügte er lächelnd hinzu.

„Bei der nächsten Hochzeitsreise dann", bemerkte ich scherzend.

Roisin drehte sich um und warf mir einen vernichtenden Blick zu.

„It was a joke!", entschuldigte ich mich schleunigst, „only a joke, sorry".

Selbst Paul schien ihn nicht wirklich lustig zu finden, oder aber er traute sich nicht, ihn vor Roisin lustig zu finden. Roisin versuchte so etwas wie ein Lächeln zustande zu bringen.

„Unsere Reise geht weiter", erklärte Paul, „Roisin war noch nie in den *Rosses*. Ich muss ihr diese Gegend unbedingt zeigen."

„Es ist wunderschön dort", wandte ich mich an Roisin.

121

Ich glaube, sie registrierte, dass ich um Schadensbegrenzung bemüht war und honorierte meine Bemühungen mit einem Lächeln.

Paul beschwörte uns, wir sollten unbedingt auch Doire, „seine" Stadt, besuchen. Und wenn, dann müssten wir unbedingt bei ihnen vorbeischauen.

Ich mochte die beiden.

Wir wünschten ihnen Glück und winkten lachend nach.

Roisins Gesicht erschien im Seitenfensters des Rovers.

„God bless you!", rief sie uns zu und tauschte mit Uta ein Augenzwinkern.

Welche vertraulichen Worte wohl zwischen den beiden gefallen waren?

Am Abend, als wir längst in unseren Schlafsäcken lagen und uns „Gute Nacht" zugeflüstert hatten, schweigend dem Wind und der Brandung lauschten, meinte Uta nach einer Weile in die Dunkelheit hinein: „Honeymoon in Ireland, wouldn't it be great."

Ich tat, als wäre ich schon eingeschlafen.

The Germans are coming

Kurz nach Weihnachten fassten wir den Entschluss, während des nächsten Irlandurlaubes zu heiraten. Ich sagte mir, wenn schon heiraten, dann wenigstens in Irland.

Unsere Wahl fiel auf Inishowen.

Eine Menge Dinge mussten erledigt werden: Ein staatlich geprüfter Dolmetscher musste sämtliche Papiere und Dokumente für viel Geld übersetzen und beglaubigen. Eine irische Standesbeamtin musste gefunden und für den Zeitraum unserer Reise bereit sein, uns zu trauen. Zu guter Letzt mussten wir für sechs Wochen einen Wohnsitz in Irland anmelden.

Aber wo sollte das sein?

Paul und Roisin fielen uns ein.

Nicht nur wegen des Wohnsitzes, wir benötigten auch noch irische Trauzeugen.

Uta fand zwischen Fotos, Postkarten und Notizzetteln der letzten Irlandreise die Telefonnummer der beiden. Ich ließ die Sache einige Zeit auf mich wirken und rief am Morgen des 6. Januar an.

Am anderen Ende der Leitung meldete sich zwar ein Paul, doch er hörte sich nicht wie unser Paul an.

Ich fragte, ob er in der von unserem Paul genannten Adresse wohne und las sie ihm noch einmal laut vor.

Er meinte, ja, das tue er.

Ob er sich nicht an mich erinnere?

Er meinte, nein, das tue er nicht.

Ich erzählte etwas von Fanad letzten Sommer und den beiden Tagen am Strand.

Er entgegnete, er könne gar nicht schwimmen und sei seit seiner Jugend nicht mehr auf Fanad gewesen.

„I'm sorry", sagte ich und legte entmutigt und ratlos auf.

Wie konnte es in derselben Straße zwei Pauls mit demselben Nachnamen geben? Und warum hatte der falsche Paul die Nummer des richtigen Paul?

Am Abend klingelte das Telefon.

Ich erkannte die Stimme.

„Du hast heute Morgen mit meinem Cousin telefoniert", lachte der richtige Paul, „unsere Väter fanden es lustig, ihren Söhnen denselben Namen zu geben. Kam schon öfter vor, dass Anrufe des Einen beim Anderen landen", erklärte Paul, „wir haben auch noch fast dieselbe Telefonnummer, nur die letzte Ziffer ist anders."

Er hustete ein Lachen ins Telefon.

„Paul hat mir von einem seltsamen Anruf eines Deutschen erzählt", fuhr Paul fort, „Roisin wusste gleich, das könnt nur ihr sein. Sie hat zum Glück eure Telefonnummer ins Fotoalbum geklebt."

Erleichtert über seinen Anruf berichtete ich von unserem Vorhaben, bat sie, unsere Trauzeugen zu sein, und erwähnte am Schluss, dass wir noch pro forma einen vorübergehenden Wohnsitz in Irland angeben müssten.

„Great idea!", rief Paul ins Telefon.

Er wolle mit Roisin sprechen und sich dann wieder melden.

Wir verabschiedeten uns herzlich.

Keine Stunde später klingelte das Telefon erneut.

„Wir freuen uns riesig, eure Trauzeugen zu sein", meinte Paul in etwas feierlichem Ton, „Roisin beginnt schon mit der Planung ..."

Im Hintergrund war ein Geräusch zu vernehmen.

„Das war Roisin", lachte Paul, „sie hat gerade eine Tasse nach mir geworfen."

Jetzt hörte man Roisin schimpfen.

„Ich hoffe doch, ohne Tee darin", scherzte ich.

„Roisin lässt euch herzlich grüßen", kicherte Paul. „Ach ja, und was den zeitweiligen Wohnort betrifft", betonte er, „ihr dürft gerne unsere Adresse nennen."

Ich bedankte mich mit einem „You make us happy!" und wünschte ihnen bis dahin alles Gute.

Eine Standesbeamtin, die uns trauen konnte, fand sich nach vielen Telefonaten in Moville.

Die Dinge nahmen ihren Lauf. Und die Aufregung wuchs mit den Wochen.

Als wir diesen Sommer nach Irland fuhren, war es Urlaubsreise, Hochzeit und Honeymoon in einem.

Wir reisten zum ersten Mal über Schottland auf die Insel und fuhren quer durch Nordirland. Die alten Checkpoints existierten nicht mehr. Auch keine patrouillierenden Militärpolizisten auf den Gehwegen mit MPs und finsteren Mienen, wie ich sie während meiner Irlandtrips mit Henry auf kurzen Abstechern nach Nordirland gesehen hatte.

Ich erinnere mich daran, dass Henry und ich einmal nur über die Grenze nach Nordirland gefahren sind, um in eine Militärkontrolle zu geraten und unser Auto von einem Drogenhund beschnuppern zu lassen.

Henry stand auf so etwas.

Uta und ich kamen am frühen Abend in Derry an, parkten und suchten die richtige Hausnummer. In den Fenstern wurden Vorhänge beiseitegeschoben, Gesichter mit neugierigen und prüfenden Blicken erschienen.

Mir war ein wenig unwohl zumute in dem engen Geviert aus sich zusammenrottenden Häusern. Dann öffnete sich eine Tür und Paul erschien lächelnd im Türrahmen.

Er winkte und kam lachend zu uns herüber, um uns beim Auspacken zu helfen. In anderen Türen tauchten nun ebenfalls Leute auf, manche traten auf die Gehwege, ein paar kamen auch näher und begrüßten uns.

Ein Mann in Pauls Alter begrüßte uns per Handschlag.

„Das ist Paul", grinste Paul, „mein Cousin, ihr kennt euch ja schon ..."

Fenster wurden jetzt geöffnet, Pauls Nachbarn riefen ihm etwas zu, von links und rechts, Lachen war zu hören, Scherze wurden offenbar gemacht.

Dann rief Paul ihnen zu, sie sollten sich lieber verbarrikadieren:

„The Germans are coming!"

Roisin hatte Scones gebacken, Paul kochte Tee für alle.

Die eng gebaute Mietwohnung wirkte gemütlich, trotz der Kamin-Attrappe, in der Kunststoffkohlen glimmten. Paul meinte, es gebe ein schönes Licht, wenn man bei Dunkelheit nur sie anknipsen würde. Der Kaminsims übervoll mit Nippesfiguren.

Wir hockten lange beieinander, tranken Tee, tratschten über die Hochzeit und verdrückten Scones.

Paul ließ seine Kindheit in der Bogside anklingen.

„Dort, wo alles begann", erklärte er. „Die Brits unterdrückten uns, wo sie nur konnten", fuhr er zornig fort, „erließen harte Gesetze, die unser Leben überall erschwerten. Sie waren brutal zu uns, schlugen uns zusammen, wenn wir abends nur eine halbe Stunde nach der vorgeschriebenen Zeit noch draußen waren. Sie durchsuchten die Wohnungen der Katholiken nach Waffen, schlugen Möbel und Menschen zusammen. Es gab sogar Tote bei diesen Hausdurchsuchungen."

Sein Blick verfinsterte sich.

Er zog grimmig an seiner Zigarette.

„Oder die Scharfschützen ...", wollte er fortfahren, doch Roisin legte ihre Hand auf seinen Arm und gab ihm mit einem Blick zu verstehen, dass er uns schon genug erzählt hatte.

Paul verfiel in Schweigen.

Die Stille verwandelte sich zu einer Wolke, die über ihm schwebte.

„Noch Tee?", fragte Roisin und ging in die Küche.

„Ihr habt schon vom *Bloody Sunday* gehört?", begann Paul leise von Neuem.

Ich nickte.

„Ich war selbst dort an jenem Tag und demonstrierte, als die Schüsse fielen", berichtete er", ich kannte die Hälfte der Getöteten. Es waren meine Nachbarn."

Uta schaute ihn erschrocken an.

„Später, als ich zu arbeiten begann", fuhr er fort, „bin ich aus der Bogside weggezogen.

Zu viele schlechte Erinnerungen. Meine Eltern wohnen noch immer dort. Mein Vater möchte dort sterben, sagt er, weil all die anderen auch dort gestorben sind."

Auch Paul sprach, wenn er vom Krieg in Nordirland sprach, von den „troubles".

Ich traute mich nicht zu fragen, warum man diesen Bürgerkrieg verharmlosend „troubles" nannte, wo doch schon Tausende gestorben waren.

Man hörte das Ticken der Wohnzimmeruhr. Ich schaute hinüber. Es muss so gegen halb zehn gewesen sein. Wir erschraken, als es plötzlich gegen die Wohnungstüre hämmerte.

Paul fuhr auf.

„Geht nach hinten ins Gästezimmer", sagte er, „und bleibt dort, bis ich euch rufe. Verhaltet euch bitte ruhig."

Es klopfte nochmals, diesmal lauter.

Wir schlossen die Türe des Gästezimmers und setzten uns auf den Bettrand.

Männer kamen in die Wohnung, mindestens drei, sprachen gedämpft in deutlich anderem Akzent wie Paul und Roisin.

Ich konnte nicht verstehen, worum es ging.

Man hörte ihre lauten Schritte durch die Wohnung poltern.

Stiefel, dachte ich.

Militärstiefel?

Es gab sie also doch noch. Nur eben nicht mehr als Präsenz auf den Straßen.

Ihre Schritte näherten sich. Uta griff nach meiner Hand.

Sie kamen den Flur entlang nach hinten.

Paul redete auf sie ein, sprach in höflichem Ton.

Der Mann in Stiefeln blieb stehen, entgegnete etwas, machte kehrt.

Uta und ich schauten uns an.

Wir hörten, wie die Männer sich verabschiedeten, dann fiel die Wohnungstüre ins Schloss.

Kurz danach öffnete sich die Türe des Gästezimmers, und Pauls Gesicht erschien im Türrahmen.

„Routinekontrolle", sagte er achselzuckend.

Ich wusste nicht, ob ich das glauben sollte.

Am Tag unserer Ankunft klopft die Militärpolizei bei ihm an die Tür, poltert durch die Wohnung und kontrolliert, wer bei ihm zu Gast ist.

Zufall?

Nie und nimmer.

Als er mir zwei Wochen später, in leicht angetrunkenem Zustand, zwischen den Zeilen sozusagen, und in äußerst vorsichtiger Wortwahl, zu verstehen gab, dass er mit der IRA sympathisiere, sah ich diese Wohnungskontrolle in etwas anderem Licht.

Pontoon – oder wann immer ich dort sein werde

Pauls Stimmung hatte sich in den letzten Tagen deutlich verschlechtert.

Die alljährliche Provokation durch marschierende radikale Protestanten brachte die katholischen Gemüter zum Kochen. Auch seines.

„Paul", hatte ich gesagt, und biss in eines von seinen berühmten Sandwichs, „was würde passieren, wenn kein Katholik mehr zu diesen Märschen an die Stadtmauern geht und sich provozieren lässt? Verlieren die Prods dann nicht ihre Lust am Marschieren?"

„Weißt du", hatte Paul auf seine höfliche Art begonnen und nippte an seinem irischen Whiskey, „du hast keine Ahnung. Und tu mir den Gefallen und äußere so etwas niemals einem Katholiken in Derry gegenüber. Bitte."

Ich fühlte mich geehrt durch seine Fürsorge, schließlich war er genau einer jener Katholiken in Derry.

Bevor es zu erneuten Ausschreitungen in Derry kam, verließen Uta und ich unsere zukünftigen Trauzeugen und fuhren weiter nach unten an die Westküste, in die immergrüne Grafschaft „Clare".

„Die Sonne putzen", wie Uta sich ausdrückte, weil sie im Radio gehört hatte, dass für Clare gutes Wetter vorhergesagt wurde.

„Roisin meinte, wir sollten in Mayo unbedingt einen Abstecher an den Lough Conn machen", sagte Uta, wenige Kilometer nach Sligo.

„Klingt nach schwimmen", grinste ich.

Uta nickte lächelnd.

„Wie müssen wir fahren?"

„Ein schöner kleiner Umweg wäre eine Fahrt über die Coast Road nach Ballina, von dort über Crossmolina immer am See entlang", meinte Uta schwelgerisch.

Ich hob die Augenbrauen und meinte erfreut: „Der Weg ist das Ziel!"

An den sanft geschwungenen Ox Mountains entlang kamen wir bald nach Ballina und steckten auch schon im Einbahnfahrsystem der Stadt fest.

„Schnell nach Crossmolina!", warf Uta ein.

Wir hielten direkt am See.

Crossmolina schmiegte sich fast zärtlich an das auslaufende Seeufer. Bunter und wilder Rhododendron wuchs üppig am flachen Saum. Montbretien fingen hell und golden das Sonnenlicht des lichtblauen Mittages ein.

Ein morphblauer Himmel wölbte sich weit über Mayo hinweg. Auf der spiegelnden Haut des Sees zogen Wolken dahin.

Ein Schauspiel für die Augen, dachte ich, einen Moment, bevor ich mich ins kühle Wasser gleiten ließ und abtauchte.

Du gehörst mir, dachte ich, während der Augenblicke der Stille unter Wasser, mir ganz allein, du Insel der Hoffnung.

Uta winkte mich bald nach draußen.

„Bleib nicht wieder so lange drin, du erkältest dich noch!", rief sie mir besorgt zu.

Sie stand schon mit einem Badetuch am Ufer, als ich durchgefroren aus dem Wasser stieg.

„Lass uns bald weiterfahren", sagte sie und kramte bereits unser Zeug zusammen.

Meine Haut kribbelte noch von der Kälte des Lough Conn, als wir mit offenen Fenstern auf die sich rund um den See windende Lane fuhren.

Ein bestimmter Duft drang in den Wagen.

Süßlich, warm und etwas schwer duftend, nach … ja, wonach denn überhaupt?

„Riechst du das auch?", fragte ich Uta.

„Schon seit wir in Crossmolina losgefahren sind", sagte sie.

„Was ist das?"

„Ich weiß es nicht", sagte Uta, „aber es ist ganz wunderbar."

Die Sonne hatte sich am westlichen Himmel eingerichtet, wanderte völlig unscheinbar ihren Weg und warf schräges Licht ins Land.

Der See hatte eine Farbe angenommen, die sich schwer beschreiben ließ. Mahagoni war darin, oder war es Gorgonienrot?, Kupfer und Passionsfrucht, Schiefer, Flamingorosa und Blaubeerblau, Indigo und Mohn, Eismeer und Glut zugleich.

Ein Zauber, dachte ich lächelnd.

„Malen müsste man können", meinte ich, an Uta gewandt.

„Lieber nicht", erwiderte Uta, „der Kampf mit dem Licht um die richtige Farbe würde dich die wahre Schönheit vielleicht vergessen lassen."

Ich lächelte ihr zu.

Zu beiden Seiten der schmalen Straße neigten sich Kaskaden von wuchernden Hecken und Büschen zu einem Tunnel aus saftigen Blättern und Farben. Bunte Kleckse Rhododendron sprenkelten das satte, dunkle, schattige Grün. Vom See her wehte ein leichtes und kühles Lüftchen zu den Fenstern des Wagens herein.

„Der Duft eines irischen Sees an einem irischen Sommertag", bemerkte Uta, „hast du je etwas Süßeres gerochen?"

„Mir geht es wie in dem chinesischen Sprichwort", sagte ich, „ich trinke mit den Augen, und dazu atme ich diesen herrlichen Duft. Wo sind wir nur? Ist das noch Irland oder schon das Paradies?"

Uta lachte.

„Vielleicht ein Vorgeschmack darauf", schmunzelte sie.

Wir fuhren hinaus aus dem kühlen Grün, vorbei an einem Schild auf dem „Pontoon" stand, hinauf auf eine Brücke, unter der sich zwei Seen zu berühren schienen.

Unmittelbar nach der Brücke parkten wir den Wagen auf einem Fleck dunkelbrauner Erde, stiegen aus und gingen langsam zur Brücke zurück.

Auf den Wassern glitzerte unruhig grelles Sonnenlicht. Man musste die Augen zusammen kneifen. Die Brücke lag inmitten des warmen, grellen Glanzes. Darunter die beiden wunderbar leuchtenden Seen.

Ich wusste, dieser Moment würde nie mehr wiederkommen.

Ich musste ihn festhalten und blickte hinüber, die Straße entlang, zu dem Hügel, der sich sanft gegen den blauen Himmel erhob.

Ein Satz flog mir zu, ein Bild, etwas, das sich festhalten ließ.

„Grasende Kühe auf Hügeln so sanft...", sagte die Stimme in meinem Kopf.

Ich wandte mich an Uta, die schweigend über den See blickte.

„Ich werde einen Gedichtband schreiben", sagte ich.

„Das ist schön", sagte sie, „wirklich schön."

Die Bombe von Omagh und die fast geplatzte Hochzeit

Wir fanden ein schön gelegenes Hostel in der Nähe des Meeres, bei Fanore.

Ich schwamm viel, Uta las.

Oder wir wanderten über den Burren, wo Uta die seltenen Blumen fotografierte, die offenbar nur dort wuchsen. Das enorme Steinmassiv direkt am Atlantik erhob sich wie ein Monument der Zeitlosigkeit gegen die gewellte Ebene des Meeres.

Während Uta umherging und ihre Fotos schoss, saß ich da, schaute nur und stellte mir vor, wie es wäre, hier Wurzeln zu schlagen, sitzend im Lotus-Sitz, ein seltenes Gewächs des Burren zu werden, blühend zwischen Steinritzen, genährt vom Regen, ein wenig Sonne und irischem Wind, als Teil dieser irischen Steinwüste, in der es blühte wie nirgendwo sonst in Irland. Vielleicht wie nirgendwo sonst in ganz Europa?

Am Morgen noch saßen wir mit unserem Müsli und dem hartgekochten Frühstücksei auf schweren Holzbänken vor dem Hostel, das ebenfalls einem Engländer gehörte, dessen Frau so gut malte, dass ihre Bilder auf irischen Briefmarken landeten. Was ihnen eine Menge irische Pfund einbrachte, wie der Gitarre spielende Hostel Chef zufrieden grinsend erwähnte. Hin und wieder verkaufe sie auch eines ihrer Bilder an einen Gast.

„Man kann ganz gut von ihrer Malerei leben", meinte er lakonisch.

Seine Miene hatte sich jedoch gleich danach ein wenig verdunkelt, als er erzählte, er selbst spiele ja lieber Blues, aber die Iren hätten kein Ohr für diese Musik, mit ihrer Vorliebe für ihr Dideldidideldidei.

„Deshalb habe ich vor vielen Jahren mein Hostel eröffnet", fuhr er fort. „Von etwas muss man ja leben", schloss er und traktierte gekonnt weiter seine Gitarre.

Glücklicherweise hatte ich mich in keine seltene Steinritzenblume im Burren verwandelt.

Also wanderten wir gegen Abend zurück zum Hostel, um mit ein paar Sandwiches und einer Kanne Schwarztee das Licht auf dem Burren blasser werden und allmählich ganz verschwinden zu sehen.

Ein magerer, schweigsamer Ire mittleren Alters saß ebenfalls mit einer Tasse Tee vor dem Hostel. Sein etwa zehnjähriger Junge spielte auf den kleinen Steinmauern Fangen mit unsichtbaren Gegnern. Vermutlich, weil er niemanden sonst zum Spielen hatte.

Ich fragte den Mann, ob er mit seinem Jungen die Schulferien hier verbringe.

„Mein Junge geht nicht zur Schule", antwortete er, „ich unterrichte ihn selbst."

Ich zog die Augenbrauen hoch.

„In Irland dürfe man das ... zum Glück", fügte er erklärend hinzu. „Ich kann mir auch gar nichts anderes vorstellen, wenn man sich das Schulsystem hierzulande anschaut. Außerdem möchte ich meinem Jungen das Karrieredenken und die Ellbogenmentalität ersparen. Er wird es noch früh genug zu spüren kriegen."

Ob es das in Irland überhaupt gebe?, fragte ich erstaunt.

„Ausgeprägt", lachte er bitter.

Ich zweifelte an seinen Worten.

„Daddy, Daddy!", rief der Junge herüber und vollführte Kapriolen auf den Mauern. Der Vater winkte ihm liebevoll lächelnd zu.

Aber ob er ihm dadurch nicht auch wichtige Möglichkeiten zur persönlichen Entfaltung und Selbstfindung wegnehme, warf Uta ein.

Der Mann erhob den Blick.

„Du bist Lehrerin, nehme ich an", entgegnete er.

„Etwas Ähnliches", gab Uta leicht errötend zur Antwort.

„Unsere Kinder werden in Schulen doch nur aus einem Grund präpariert und auf eine einzige Sache vorbereitet", sagte er, „sie sollen nützliche, erfolgreiche und zahlende Arbeitsmaschinen werden, dem Staat und der Gesellschaft dienen, und später Kinder zeugen, die ebenfalls zu solchen Exemplaren zurechtgestutzt werden."

Uta räusperte sich.

Ich dachte über seine Worte nach.

„Ich möchte meinem Jungen das Gefühl von Freiheit vermitteln", sagte er, „das Gefühl von Ungezwungenheit und möglicher Selbstbestimmung. Außerdem glaube ich, dass ich ihm eher Freude am Lernen vermitteln kann als irgendeine Schule."

Uta erhob sich, sagte, sie beginne mit dem Abendessen, und ging mit ihrer Teetasse nach drinnen.

„Ich glaube, er liegt völlig falsch mit dem was er sagt", meinte Uta, als ich ihr kurze Zeit später folgte.

„Ich weiß nicht", warf ich zögernd ein.

„Du hältst diesen Quatsch auch noch für gut. Oder etwa richtig?"

„Nicht unbedingt, aber ich finde nicht, dass es völlig abwegig klingt", entgegnete ich nachdenklich.

„Zum Glück besteht bei uns die Schulpflicht", meinte Uta.

„Ich hab sowieso nicht vor, Kinder in diese Welt zu setzen", erklärte ich, „das Thema muss also ohne mich behandelt werden."

Uta warf mir einen Blick zu, der wohl soviel heißen sollte wie: Das werden wir ja noch sehen.

Ich tat, als hätte ich nichts bemerkt und kümmerte mich um den Salat.

„Wie ist der Plan für morgen?", fragte Uta nach einer Weile.

„Weiß nicht so recht", sagte ich, „wir könnten bei Schwimmwetter einfach noch einen Tag hierbleiben, was meinst du?"

„Und bei schlechtem Wetter?"

„Bei schlechtem Wetter fahren wir so schnell wie möglich zurück zu unseren Trauzeugen, also quer durchs Land, und genießen Pauls Sandwiches oder bummeln durch Derry."

„Quer durchs Land?", fragte Uta.

„Ja, und oben in Omagh schauen wir uns das Gerichtsgebäude an. Soll schön sein. Guter Plan?"

Ich grinste sie forschend an.

Sie nickte zustimmend.

Am nächsten Tag weckte uns Sonnenlicht, das schräg durch einen Spalt im Vorhang ins Zimmer fiel. Im Lichtschein tanzte Staub. In der Küche hantierte jemand mit Geschirr. Vor dem Fenster wurde ein Fahrradreifen aufgepumpt.

„Das heißt also, Sonne putzen gehen", meinte Uta verschlafen.

„Sieht ganz so aus", lächelte ich, „Omagh muss wohl noch einen Tag warten."

Am späten Nachmittag, nach Stunden ausgiebigen Schwimmens, langer Strandspaziergänge und Muschelsammelns, schalteten wir zum Abwaschen unseres Essensgeschirrs das Radio ein.

Der Radiosprecher klang aufgelöst, seine Stimme bebte.

Ich hielt inne, versuchte zu verstehen, wovon er berichtete.

„Es muss etwas Schreckliches passiert sein", sagte ich.

Uta starrte wie gelähmt aufs Radio.

„Bombe in Omagh" hörte ich immer wieder heraus.

Viele Tote und sehr viele Schwerverletzte ... zum ersten Mal in der Geschichte der Troubles ein ausländischer Gast, eine Austauschschülerin aus Frankreich ... tote Frauen und Kinder ... sogar ein Baby unter ihnen.

„The Real IRA" hatte per Telefon angekündigt, das Gerichtsgebäude zu attackieren; weshalb die Bombe dann an einem Samstagnachmittag in einem Einkaufszentrum explodierte, konnte noch niemand genau sagen.

„Vielleicht ein perfider, menschenverachtender, durch und durch böser Plan dieser Terroristen", betonte die Radiostimme aufgebracht.

Uta setzte sich erschüttert.

Ich starrte schockiert aus dem Fenster, auf den samtenen irischen Hügel, der zum Burren hinaufführte, wo die seltenen Blumen wuchsen, starrte in den blauen Himmel hinein, der sich ruhig und friedlich und voller Licht über allem ausbreitete.

„Weißt du, dass wir jetzt unter ihnen sein könnten, wenn das Wetter schlecht gewesen wäre?", sagte ich zu Uta.

Sie antwortete nicht.

„Ich meine, wir könnten jetzt zerfetzt in diesem zerbombten Einkaufszentrum liegen, weißt du das eigentlich", hörte ich mich sagen.

Uta schwieg noch immer.

„Wenn uns heute Morgen nicht die Sonne geweckt hätte", fügte ich stockend hinzu.

Ich sah, wie Utas Lippen sich bewegten.

„ ... auch keine Hochzeit gegeben", hörte ich sie noch leise sagen.

Am Abend rief ich Paul an.

Er erzählte aufgebracht, „The Real IRA" hätte der Polizei als Ort der Explosion das Einkaufszentrum genannt, nicht das Gerichtsgebäude.

„Die nordirische Polizei hat absichtlich das falsche Gebiet evakuieren lassen", fuhr er wütend fort, „ sie haben ein solches Szenario zugelassen, nein, gewollt, um daraus Kapital zu schlagen, diese Dreckskerle."

„Kapital?", fragte ich, „was meinst du damit?"

„Verstehst du nicht, sie haben jetzt Gründe für Vergeltungsschläge und wieder strengere Gesetze und Auflagen gegen Katholiken in Nordirland. Ein mieser aber wirksamer Zug gegen uns."

„Paul, das ist doch nicht dein Ernst -", begann ich.

„Das ist eine List", unterbrach mich Paul, „so werden Konflikte geschürt und Kriege geführt."

„Woher weißt du, dass es genau so ist?"

„Der Bekenneranruf wurde am Nachmittag im Radio gespielt, ein einziges Mal", berichtete Paul, „doch schon jetzt behaupten sie, es habe keinen Bekenneranruf gegeben. Solche Schweine."

In der Hörmuschel des Fernsprechers hörte man sekundenlang nur das Knistern der miserablen Verbindung nach Nordirland.

Ich versuchte, in diesen wenigen Momenten zu verstehen, was Paul gerade angedeutet hatte.

„Paul?", sagte ich nach einer Weile in das Knistern hinein.

„Besser ihr fahrt über Donegal nach Derry, wenn ihr zur Hochzeit kommt", bemerkte Paul, „ist sicherer."

„Ist gut, machen wir", sagte ich, „pass auf dich auf."

„Everything's okay", versicherte Paul.

Seltsam, aber bei Paul hatte ich meist das Gefühl, man müsse sich ein wenig Sorgen um ihn machen, erst recht, wenn er Zuversicht verbreiten wollte.

Aber ich war mir sicher, er wusste noch viel, viel mehr, als er uns erzählte.

Ab nach Letterkenny

Nichts macht einen neuer als ein Bad im Atlantik am frühen Morgen.

Noch dazu, wenn man sein morgendliches Großgeschäft im Freien verrichten muss, in Gesellschaft von neugierig herumhüpfenden Möwen.

Anschließend setzte ich mit dem Gaskocher Teewasser auf und blickte in die grüne Landschaft in unserem Rücken, auf die sich sanft ausbreitenden Wiesen Inishowens.

„Warum lächelst du?", fragte Uta.

„Nichts weiter", antwortete ich, „musste gerade beim Anblick dieser Wiesen an Henry denken, und an eine Wette zwischen uns, damals."

„Worum ging es?", wollte Uta wissen und stopfte ihre Sachen in den Rucksack.

„Nicht so wichtig", meinte ich."

Die Hochzeit lag schon zwei Tage zurück. Honeymoon stand nun auf der Tagesordnung. Wir waren unterwegs in der Gegend um Dunfanaghy.

Die Küste. Immer die Küste. Und das Meer. Möwen. Wolken, von Westwinden über den Himmel gejagt. Wellen, grün und schieferfarben. Endlos treibend bis an den Horizont. Weiter noch, als man sah.

Gerade hatte ich noch Pauls seltsames Hochzeitsgeschenk angeschaut.

Er hatte es am Hochzeitstag aus der Seitentasche seines Anzuges gefischt und gemeint, er wolle mir noch ein ganz besonderes Hochzeitsgeschenk machen, das mich immer an Derry erinnern solle.

Ich hatte entgegnet, dass ich mich sowieso immer an sie beide und an Derry erinnern würde, er brauche uns doch jetzt kein Geschenk mehr machen.

Stattdessen hatte er mir grinsend dieses Ding in die Hand gelegt, das ich völlig ratlos anstarrte.

„Damit haben uns die Brits vor ein paar Tagen beschossen", hatte er vor Wut gezischt, „haufenweise lagen sie an den Mauern. Und die verlogene Scheißpresse behauptete, es wurde nicht mit Gummigeschossen gefeuert. Ein paar von uns liegen noch immer im Krankenhaus."

Ich hatte mich nicht zu fragen getraut, wen er mit „uns" meinte.

Vor nicht einmal zwei Tagen war er noch mein Trauzeuge gewesen, in einen brokkoligrünen Anzug gezwängt. Er sah aus wie der Anzug, den er schon bei seiner Kommunion getragen haben musste. Die schmale lederne Krawatte war wohl auch ein Überbleibsel aus den 80er Jahren.

Oder lief man in Irland so etwa noch immer herum?

Paul hatte das alles sehr ernst genommen. Es rührte mich.

Roisin hatte am Tag vor der Hochzeit Uta entführt und sie mit zu ihren Eltern nach „Muff" in die Freie Republik verschleppt, wo sie vor mir verborgen gehalten und für die Hochzeit zurechtgeschmückt und frisiert wurde.

„Man hat sie also in ein anderes Land verschleppt", scherzte ich grinsend.

Paul lächelte etwas gequält über den Scherz, hatte ich den Eindruck.

Ich übernachtete einsam, aber voller Vorfreude in Pauls Gästezimmer.

Am Abend hatte er aus einem kleinen Versteck im Wandschrank des Wohnzimmers einen Joint ausgepackt, den wir grinsend zusammen qualmten. Das dampfende längliche Ding schien Pauls Zunge zu lösen.

Er erzählte mir Dinge aus der Bogside und von seinen sogenannten Freunden, die mich bestürzten. Von zerschossenen Kniescheiben, abgetrennten Fingern und abgeschnittenen Ohren. Er nahm mir das Versprechen ab, dass ich nie von diesen Dingen erzählen dürfte, niemandem.

„Nicht einmal Uta", hatte er mir mit dem Zeigefinger gedroht.

Ich winkte ab.

„No Problem", versicherte ich.

Ihr sowieso nicht, dachte ich bei mir.

Uta hatte für den gewaltvollen Aufstand der katholischen Iren ebenso wenig etwas übrig wie für den irgendeines anderen Volkes.

Gemeinsam hatten wir vier, nach der Trauung in den Bergen Movilles, im Nebensaal des *Foyle Hotels* gesessen und unser Hochzeitsessen verspeist. Uta, ich, und unsere beiden Trauzeugen.

Paul und Roisin muss es unangenehm gewesen sein. Paul fuhr sich unentwegt mit

dem Zeigefinger in den viel zu engen Hemd-
kragen, Roisin räusperte sich alle zwei Minuten vor Befangenheit.

Alle Tische im Saal blieben leer. Ich hatte
den Raum für zwei Stunden gemietet.

Wir saßen an einem Tisch für vier Perso-
nen in der Mitte des Saales. Ich selbst habe
erleichtert aufgeatmet, als alles vorbei war.

Vor dem *Foyle Hotel* hatten wir uns von
Paul und Roisin getrennt und fuhren aus Moville hinaus, hinein in unseren Honeymoon
und bezogen unser B&B in den Hügeln außerhalb Movilles.

Zwei Tage war das nun her.

Ganz in der Nähe von Dunfanaghy fanden
wir ein Hostel mit einem einzigen, jedoch
noch freien Doppelzimmer.

Das Meer lag nicht weit entfernt. Man
konnte es riechen. Sogar hören, wenn man
innehielt und die Ohren spitzte und nicht
ständig plapperte und sich Reisegeschichten
erzählen musste, so wie manche Hostel-Ur-
lauber.

Am Abend verkroch ich mich mit einer
Kanne Tee und meinem Notizbuch in unserem Zimmer und war selbst für Uta nicht an-

sprechbar, die sich über einen Stapel erstandener Postkarten hermachte und zu schreiben begann.

Zum Glück hatte sich am nächsten Morgen die Sonne zurück gemeldet.

„Nichts, wie zum Strand", sagte ich zu Uta, gleich, nachdem sie die Augen aufschlug. „Ich hab die Schwimmsachen schon gepackt."

Nach dem Frühstück verließen wir das Hostel und gingen eilig zu unserem Wagen.

„Gehört das Auto Ihnen?", erkundigte sich aufgeregt eine junge Frau, die auf südländische Art Englisch sprach.

„Wir brauchen Ihre Hilfe," fuhr sie fort, „drinnen liegt eine schwangere junge Frau, die Blut verloren hat. Sie muss nach Letterkenny ins Krankenhaus."

Nicht wir, dachte ich genervt, auch noch am vielleicht einzigen sonnigen Tag in der Woche. Ich wollte schwimmen, und keine schwangeren jungen Dinger, die meinten, sie müssten unbedingt noch vor der Geburt ihres womöglich ungeplanten Kindes einen allerletzten Irlandtrip mit Rucksack durchziehen, in irgendein Krankenhaus kutschieren. Noch dazu eines, das so weit entfernt lag.

„Der Tag ist gelaufen," sagte ich frustriert zu Uta.

„Spinnst du?", fuhr sie mich an, „du denkst ans Schwimmen, während da drinnen eine schwangere Frau unsere Hilfe braucht? Das glaub ich jetzt nicht."

„Wie wäre es mit einem Krankenwagen?", fragte ich gereizt.

„Wir sind doch viel schneller mit ihr dort, als der Krankenwagen hier ist, um sie ins Krankenhaus zu bringen", warf Uta ein.

„Ich denke da an die Erstversorgung", sagte ich gereizt.

„Bist du das tatsächlich, mit dem ich hier gerade rede?", erhob Uta ihre Stimme, „hörst du dir eigentlich selbst zu?"

Ich hielt es für besser, jetzt zu schweigen.

Sie brachten die junge Frau heraus.

Man musste sie links und rechts stützen.

Sie weinte und wimmerte, bot einen jämmerlichen Anblick.

Ich bedauerte meinen Widerwillen, sie zu fahren, schämte mich auch ein wenig dafür, spürte jedoch zur gleichen Zeit noch immer eine Abneigung gegen diese Fahrt nach Letterkenny.

Außerdem verspürte ich eine Wut auf Uta, die sofort eingewilligt und mich vor diesen Fremden bloßgestellt hatte.

Die Straßen Donegals waren zu jener Zeit in einem erbärmlichen Zustand. Während der holprigen Fahrt nach Letterkenny legte sich die junge Frau auf die Rücksitzbank und weinte still.

Uta wollte einige Male ein Gespräch beginnen, doch von der Rückbank kam keine Antwort. Nur bei jeder Bodenwelle, von der die Straßen übersät waren, stieß sie einen kurzen schmerzerfüllten Schrei aus.

Ich entschuldigte mich und versuchte, so vorsichtig wie möglich zu fahren.

Jemand aus dem Hostel musste im Krankenhaus angerufen haben. Wir wurden zum Glück schon erwartet.

Uta half, die Formalitäten zu erledigen, während ich im Autoradio den gälischen Radiosender suchte, irische Folklore hörte und immer schläfriger wurde, bis alles um mich herum seine Konturen verlor.

„Hallo!", grinste Uta, an meiner Schulter rüttelnd, „du hast vielleicht geschnarcht."

„Ach, echt?"

„Tut mir leid", sagte Uta, „hat jetzt doch etwas länger gedauert."

Ich schaute auf die Uhr im Armaturenbrett.

„Verdammt!", zischte ich, „ganze drei Stunden warst du jetzt da drin. Siehst du, ich wusste doch, der Tag ist gelaufen nach dieser Aktion hier. Scheiße."

„Dafür hast du vielleicht auch ein Menschenleben gerettet", entgegnete Uta in mildem Ton.

„Das wäre schön", sagte ich, und startete den Wagen.

Zurück an der Küste fuhren wir direkt zum Strand. Eine Stunde Atlantik blieb mir, bis es zu regnen begann.

Am nächsten Morgen saßen ein paar Leute schweigend in der Hostelküche beim Frühstück. Eine unangenehme Stille erfüllte den Raum.

Ich goss Tee auf, schnitt mir gerade eine Banane ins Müsli, als die Südländerin in die Küche kam.

„Sie hat ihr Kind verloren", sagte sie leise, an uns gewandt.

Hatte ich da eben einen vorwurfsvollen Ton herausgehört?

Gerade wollte ich ansetzen, mich zu rechtfertigen, als Uta vom Küchentisch herüber sagte, dass es uns sehr leid tue.

Ich setzte mich mit meinem Müsli neben Uta.

„Vielleicht sollten wir von hier verschwinden", sagte ich leise zu ihr, „bevor die junge Frau noch aus dem Krankenhaus zurück kommt und uns verantwortlich machen will."

„Warum sollte sie das?", fragte Uta erstaunt.

„Sicher ist sicher", meinte ich.

„Aber wir wollten doch ein paar Tage bleiben", warf Uta ein.

„Wir suchen uns was anderes, einverstanden?"

„Meinetwegen", gab Uta nach einigem Überlegen nach, „dann lass uns packen."

Kriegsfolgen

Wir tingelten noch ein, zwei Tage relativ ziellos an der sonnigen Nordküste herum, schwammen viel, suchten vergeblich Schattenplätze und fuhren dann ungeduldig und mit gehöriger Wiedersehensfreude nach Derry zurück.

Paul und Roisin freuten sich ebenfalls, uns vor der Heimreise noch einmal zu sehen.

„Das Gästezimmer ist sowieso noch für euch hergerichtet", meinte Roisin.

Am Abend warf Paul seine Friteuse an. Er schnitzte rasch die Kartoffeln hinein, holte die Ketchupflasche aus dem Kühlschrank und trug sie, zusammen mit den Tellern und dem Besteck, ins Wohnzimmer.

Von dort vernahm man Utas und Roisins Stimmen. Sie hatten den Fernseher etwas zu laut gestellt und erhoben nun die Stimmen, anstatt leiser zu stellen.

Vom Küchenfenster aus blickte man in eine Hinterhofkulisse. Bei weitem nicht so schlimm wie jene in Limerick, ein paar Jahre zuvor. Und doch musste ich schmunzelnd daran denken.

Hier schien alles aufgeräumter und sauberer. Es tat enorm gut, hier zu sein.

Ich war nun verheiratet, meine attraktive Frau saß im Zimmer nebenan. Zwei Zimmer weiter stand unser Bett, in dem wir heute Nacht gemeinsam schliefen.

Wir wohnten bei unseren irischen Trauzeugen, bekamen wichtige geschichtliche Informationen aus erster Hand, noch dazu Geschichten mitten aus der Bogside. Auf der Anrichte dampfte der goldfarbene Schwarztee. Mit braunem Zucker und irischer Milch verfeinert.

Und sehr bald schon würde es noch Pauls selbst frittierte Pommes mit flaschenweise Ketchup dazu geben. Konnte man noch mehr vom Leben erwarten für diesen Abend?

Ich nahm meine Teetasse und ging hinüber ins Wohnzimmer zu den anderen. Im Flur fiel mir auf, dass die beiden Frauen verstummt waren. Auch Paul war nicht mehr zu hören.

Alle drei starrten wie gebannt mit aufgerissenen Augen in den Fernseher.

„Was guckt ihr euch da Schräges an?", platzte ich gutgelaunt in die Runde hinein und verzog erschrocken das Gesicht beim Anblick der Bilder im Fernseher.

„Wieso schaut ihr euch so etwas an?", fragte ich verblüfft.

Niemand antwortete.

„Uta?"

Sie nahm den Blick nicht vom Bildschirm.

„Jetzt nicht", sagte sie nur.

„Was ist das?", fragte ich Paul.

Jemand schien mit einer Handkamera zu filmen. Die Szene extrem verwackelt. Es schien sich in einer Diskothek abzuspielen.

Man blickte durch die Kamera hindurch von einer Empore herab auf die Tanzfläche, wo mindestens fünfzehn oder zwanzig Menschen einen tumultartigen Kreis um etwas am Boden liegendes gebildet hatten.

Jetzt erst sah ich, dass brüllende junge Männer und keifende Frauen auf eine am Boden liegende junge Frau eintraten, immer und immer wieder.

Sie zuckte, schüttelte und krümmte sich, versuchte ihren Kopf zu schützen, aber sie wurde von allen Seiten getreten. Auch gegen den Kopf.

Der Kreis wurde enger, die Meute um sie rasender.

Dann verwackelte das Bild und erlosch völlig.

Die Sprecherin der Fernsehnachrichten erklärte, dieser Vorfall hätte sich letzte Nacht in einem Pub in Nordirland zugetragen. Eine junge Frau, deren Foto mit Namensangabe nun am oberen rechten Bildrand auftauchte, sei von einer Horde aufgebrachter Nordiren totgetreten worden.

Ein anderer Gast habe heimlich mitgefilmt, bis er entdeckt wurde, jedoch die Gelegenheit gehabt hatte zu fliehen.

Die jungen Menschen hatten die junge Frau irrtümlicherweise wegen ihres Namens für eine Katholikin gehalten, wobei das Opfer, wie die Täter und Täterinnen selbst, eine protestantische Nordirin gewesen sei.

Aus meiner Teetasse tropfte Tee auf Pauls Wohnzimmerteppich.

Ich erschrak.

Von mir scheinbar vergessen, hing sie schief zwischen meinen Fingern und hatte sich nach unten geneigt.

„Paul", sagte ich, „sag, dass das nicht wahr ist!"

Uta, Paul und Roisin hockten wie versteinert in ihren Polstersesseln und starrten

noch immer in den Fernseher, wo anschließend von einem wichtigen Rugbyspiel in Donegal berichtet wurde.

„Paul?"

Ich trat einen Schritt näher an ihn heran.

„Paul, was war das eben?", fragte ich fassungslos.

„Es tut mir leid", sagte Paul, „dass ihr so
etwas sehen musstet, noch dazu auf eurer
Hochzeitsreise. Ich schäme mich für mein
Land. Es tut mir wirklich leid."

Roisin schluchzte, tupfte sich mit dem Ärmel ihres rosafarbenen *Fruit of the Loom*-
Pullis Tränen aus den Augenwinkeln.

„Die Familie", murmelte Roisin, „man
muss für sie beten."

Einen Tag vor unserer Heimreise berichtete derselbe Fernsehsender, die Mutter der
zu Tode getretenen jungen Frau habe sich
nach der Beerdigung ihrer Tochter das Leben genommen.

Pauls Kindheitsgeschichten aus der Bogside waren keineswegs veraltet und ver-
staubt. Der Konflikt in Nordirland schwelte
noch immer, forderte noch immer seine Opfer.

Todesopfer.

Nein, für mich waren dies hier nicht nur „troubles".

Ich hatte zum Grab der jungen Frau gewollt, um dort Fuchsien niederzulegen, die in Irland „Tränen Christi" genannt werden, denn ich war mir sicher, dass auch Christus über einen solchen Tod Tränen vergoss.

„No!" No!", hatte Paul aufbrausend gerufen und war auf eine Art von seinem Sessel aufgesprungen, dass man einen Moment Furcht vor ihm hätte bekommen können.

Uta war vor Schreck zusammengefahren.

„Auf keinen Fall darfst du dort am Grab aufkreuzen, hörst du! Auf keinen Fall! Hast du mich verstanden!"

So hatte ich ihn noch nie erlebt.

Ich musste ihm hoch und heilig versprechen, nicht dorthin zu fahren.

„Ich bring dich um, wenn du dorthin fährst", grinste er gequält und drückte mir die Hand, die ich ihm, um das Versprechen zu besiegeln, geben musste.

„Wenn es nicht diese Typen tun", entfuhr es Roisin, die sich sogleich erschrocken die Hand auf den Mund legte.

Uta und ich starrten sie an.

Paul warf ihr einen vorwurfsvollen Blick zu, sagte jedoch nichts und schwieg für Minuten.

Ich hatte kapiert. An das Grab der getöteten jungen Frau zu fahren schien nicht ratsam zu sein. Doch weshalb?

Ich behielt meine Fragen für mich.

Hier schienen sich Dinge im Hintergrund abzuspielen, von denen man besser die Finger ließ. Erst recht als Fremder.

Offene und verborgene Gewalt bestimmte in Nordirland noch immer das gesellschaftliche Leben, soviel war klar.

Ich verließ Irland schweren Herzens.

Viel schwerer noch als sonst.

Die Ereignisse dieses Sommers hatten tiefe Spuren in mir hinterlassen. Das Leid und der Schmerz dieser Menschen hatte mich ihnen auf eine Art näher gebracht, die ich zuvor nicht erlebt hatte.

Und dann war da ja noch meine eigene Hochzeit.

Außerdem hatten wir in Paul und Roisin nicht nur Trauzeugen, sondern auch Freunde in Irland gefunden. Freunde, wie ich hoffte, für lange Zeit.

Der Platz, wo die Äste sind

Der Sommer stand nicht ganz so hoch, als wir im nächsten Jahr nach Irland kamen.

Zuerst regnete es tagelang.

Dafür fuhren wir mit einem alten eukalyptusgrünen Mercedes Benz durch Irland, der nicht einmal uns gehörte. Er gehörte Kosta.

Uta und ich hatten Kosta auf einem Festival irischer Musik am Bodensee einige Wochen zuvor kennen gelernt.

Kosta hatte uns eingeladen, mit ihm in seinem alten Benz nach Irland zu fahren. Er wollte vier Wochen mit dem Fahrrad um die Insel radeln und uns in dieser Zeit seinen Wagen überlassen.

„Besser so, als wenn er wochenlang auf einem Parkplatz steht und noch jemand auf dumme Ideen kommt", hatte er uns versichert.

Wir nahmen freudestrahlend sein Angebot an und trennten uns in Galway von ihm, wo er seine Tour begann.

Es nieselte leicht, als wir uns verabschiedeten, er auf seinen Drahtesel stieg und wir in den alten Benz mit Schiebedach.

Ich sah ihn im Rückspiegel, wie er strampelnd davon fuhr. Sein Lockenkopf wippte im Wind hin und her. Er drehte sich noch einmal um, winkte und grinste zuversichtlich gegen den Regen und die Mühsal irischen Gegenwindes an.

Ich kurbelte die Scheibe herunter und winkte zurück.

„Auf nach Mayo", sagte Uta und schnallte den Gurt fest.

„God help us!", lachte ich.

„Zum Glück wird heutzutage niemand mehr in die Verbannung nach Mayo geschickt", meinte Uta.

„Ach, ich ließe mich ganz gerne dorthin schicken", erwiderte ich grinsend und legte den Gang ein.

„Gib acht auf uns beide", beschwor Uta mich und legte die Hand auf ihren Bauch.

„Du meinst wohl, auf uns Drei", korrigierte ich lächelnd.

In der Mittelkonsole entdeckte ich Kostas handgeschriebene Notiz. Seine krakelige, kaum leserliche Miniaturschrift war schon ein Hinschauen wert.

Es stand nur *Moore Hall* darauf.

Ein altes zur Ruine verfallenes Herrenhaus sollte es sein. Das Haus eines ehemaligen Landlords. Jedoch nicht nur irgendeines Landlords, sondern einer, der seine Verantwortung für seine Pächter ernstgenommen und ihnen in Zeiten der Hungersnot ihre Pachtzölle erlassen hatte. Dieser Spross der Moore Familie hatte in Mayo Geschichte geschrieben.

Ich wollte unbedingt an diesen Ort.

Moore Hall stand mittlerweile für etwas Bestimmtes in meinen Gedanken, es besaß schon eine gewisse Symbolkraft.

Die Landschaft hatte sich längst geöffnet, als wir in die Nähe von Ballintober kamen. Felder dehnten sich in die Weite, stießen an ebenfalls weitläufige, braun und grün gescheckte Hügel.

Kleine Wäldchen tauchten hier und da hinter Straßenbiegungen auf, Rhododendren Hecken fehlten gänzlich. Freie Sicht über Felder und Wiesen also, bis an samten aufragende Hügelketten. Farmen und ihre abgezäunten Ländereien teilten sich das Land untereinander auf.

Wir bogen von der Hauptstraße ab, hielten am Straßenrand, forschten in unserer Karte nach dem Weg.

„Verflixtes Labyrinth hier", schimpfte ich, „ob wir Moore Hall heute noch finden?"

Neben uns hielt ein Wagen, der aus der Gegenrichtung gekommen war.

Ein Mann schaute freundlich aus dem Beifahrerfenster zu uns herüber und fragte, ob wir uns verirrt hätten und er uns helfen könne.

Sein „Are you lost?" klingt mir noch heute in den Ohren.

Er meinte, wir könnten ihm folgen, er fahre sowieso an Moore Hall vorbei.

Ich musste mir Mühe geben, ihn in den enger werdenden Landsträßchen nicht zu verlieren. Er gab ganz schön Gas.

Wenige Minuten später winkte er uns hupend auf eine schmale Piste, die zu einem Wäldchen führte und brauste davon.

Wir parkten den Benz unter einer Eiche und gingen stumm nebeneinander her in den Wald hinein.

Der Boden gab leicht unter uns nach, schien wie gepolstert. Die Waldgeräusche verstummten nach und nach, hohe Nadelbäume hielten das Licht fern.

Plötzlich ragte die Fassade des scheinbar vergessenen und sonst völlig zerfallenen Herrenhauses vor uns auf, moosbewachsen, verwittert und dunkel.

„Wie schön", sagte Uta, „aber auch ein bisschen unheimlich, findest du nicht"

„Hier wohnte er also", raunte ich, „ich frage mich, ob hinter diesen Mauern auch kleinere Aufstände oder Scharmützel geplant wurden."

„Scharmützel", grinste Uta, „meinst du nicht, dass du jetzt ein bisschen übertreibst?"

Ich schaute sie verdutzt an.

„Das ist eben die Rollenverteilung, Uta", unkte ich, „du hast dir bestimmt gerade überlegt, wie die Lady des Hauses hier an langen, verregneten irischen Abenden in langen Kleidern durch die Flure schritt. Oder?"

„So etwas Ähnliches, ja", lächelte Uta und wandte sich verlegen von mir ab. „Mir ist kalt", meinte sie, „können wir uns eine Unterkunft suchen?"

„Der Reiseführer zeigt ein Hostel ganz in der Nähe an", warf ich ein, „wenn wir hierbleiben, könnte ich morgen noch einmal herkommen, ich würde gerne ein paar Fotos bei besserem Licht schießen."

Im Wirrwarr der schmalen sich windenden Pisten mussten wir erneut anhalten, um in Ruhe die Karte zu studieren.

Ein kleiner Junge, der ein Schaf an einer dicken Schnur spazieren führte, machte Halt und beschrieb uns den Weg zum Hostel.

„Zum Glück tatsächlich fast zum Darüberstolpern nah", wiederholte ich scherzend die Worte des kleinen Jungen. Uta schmunzelte.

Das Haus stand ganz alleine auf einer weitläufigen Anhöhe. Die Szenerie hatte geradezu etwas Filmisches.

Als wir die Schotterpiste zum Hostel entlangratterten, fiel aus der dicken bleigrauen Wolkenschicht ein Sonnenstrahl auf die weiße Stuckfassade des hoch aufragenden Farmhauses mit den schlanken hohen Fenstern.

Creevagh House stand auf einem selbstgemalten Holzschild an den Zaun genagelt, direkt an der Auffahrt. Der Kies knirschte geradezu vornehm unter den Reifen des alten Benz.

Die sehr junge Frau, die lächelnd aus dem Haus trat, begrüßte uns auf Deutsch mit österreichischem Akzent.

„Hallo! Ich bin Christine. Wir haben momentan keine Gäste," grinste sie ein wenig verlegen, „ihr könnt euch also ein Zimmer aussuchen. Und später gibt es Tee mit John und Paul."

Uta und ich schauten uns fragend an.

„Den beiden gehört das Haus, sie sind Brüder", sagte Christine.

Ein verblichener, ehemals scharlachroter Teppich mit mehr als deutlichen Gebrauchsspuren führte über eine breite, geräuschvolle Holztreppe in den ersten Stock.

Unsere Schritte über die Bodendielen knarrten durchs ganze Haus.

In den drei schmalen Zimmern standen jeweils zwei Stockbetten. Sonst nichts. Nicht einmal ein Stuhl, um die Klamotten darüberzulegen. Aus den schmutzigen Fenstern konnte man über das Tal bis hin zu den Hügeln schauen.

„Grandioses Haus", bemerkte ich, „nur die Einrichtung lässt zu wünschen übrig."

„Dafür ist die Aussicht wunderschön", entgegnete Uta, „und Christine ist sehr nett."

„Und aus Österreich", grinste ich vielsagend.

„Schläfst du unten oder oben?", fragte Uta müde.

„Oben", warf ich ein, „dann haben die Kakerlaken einen längeren Weg zu mir hinauf."

„God help us", meinte Uta mit einem Seitenblick.

God help us

Am nächsten Tag lag Uta mit Fieber im Bett. Es war über Nacht gekommen. Sie hatte gewimmert und im Schlaf gesprochen. Sie glühte förmlich.

„Das Baby", sagte ich ängstlich, „du musst ins Krankenhaus."

„Ich geh nicht ins Krankenhaus", meinte Uta mit schwacher, belegter Stimme, „schon gar nicht in ein irisches. Ich krieg das alleine hin."

„Alleine", brauste ich auf, „und wenn dem Baby etwas passiert?"

„Was soll ihm passieren, ich bin erkältet, sonst nichts."

„Und wenn es etwas anderes ist?"

„Was soll es denn anderes sein?"

„Was weiß ich!", rief ich aufgebracht, „genau deshalb geht man ja ins Krankenhaus, um etwas anderes herauszufinden, oder eben auszuschließen!"

„Kein Grund, mich anzuschreien", beklagte sich Uta, „lass mich, ich hab Halsschmerzen ... und mein Kopf zerspringt gleich."

Es klopfte an der Türe.

„Ja!", rief ich schlechtgelaunt.

Christine streckte den Kopf herein.

„Kann ich etwas für euch tun?", fragte sie.

„Uta ist krank, sie hat Fieber, aber will in kein Krankenhaus", sagte ich gereizt.

„Stimmt sonst noch etwas nicht?", wollte sie wissen.

Ich grübelte einen Moment, was sie meinen könnte.

„Ja, sie ist schwanger", sagte ich.

„Das dachte ich mir", bemerkte sie und trat ein.

Sie setzte sich zu Uta aufs Bett und gab mir mit einem Seitenblick zu verstehen, dass ich sie beide alleine lassen solle.

Achselzuckend, jedoch erleichtert verließ ich das Zimmer.

Ich ging in die Küche, setzte Tee auf und griff nach den Schokoladenkeksen. Es roch nach der kalten Asche eines abgestorbenen Torffeuers.

Auf dem großen Tisch lagen Bücher, Schreibutensilien und verstreute Notizen, eine Kaffeetasse mit kaltem Kaffee dazwischen, eine Packung Milch, die eigentlich in den Kühlschrank zurück gehörte, und ein angeschnittener Sandkuchen, den Christine gebacken haben musste.

Die Küchentüre an der Rückfront des Hauses zum Stall hin stand, wie auch gestern schon, offen.

Der Ausschnitt Feld, der durch die geöffnete Türe zu sehen war, war von einem niederen, irischen Mauerchen eingefasst. Das Stück Erde und Garten lag wie seit einer Ewigkeit unberührt unter rauschenden Bäumen, Ulmen und Eschen, Pappeln und Eichen.

Verstreut lagen Äste umher, größere und kleinere, als habe es in den letzten Tagen gestürmt und der irische Westwind allesamt herab gerissen. Aber Gräser hatten sie schon umschlungen, wie ich jetzt sah, und sie vereinnahmt.

Sie lagen schon lange dort, sehr lange.

Alles wirkte, als müsste es genauso sein. Sonnenlicht fiel herein und färbte die Stämme und die unteren Zweige und Äste an den Bäumen in goldgelbes unruhiges Schimmern.

Die Äste wiegten sich zum Wind in wellenartigen Bewegungen, als ob sie tanzten.

Das Rauschen wurde zu einer Art Musik für mich.

Ich setzte mich an den großen Tisch und schlürfte genüsslich meinen Schwarztee, während ich, aufgesogen von der Szenerie dort draußen, immer ruhiger wurde und wieder einmal bedauerte, dass ich nicht malen konnte.

„Ins Krankenhaus nach Galway möchte sie nicht, aber sie ist bereit, zu einem Arzt zu gehen", erklärte Christine, die an den Tisch getreten war und ihr Zeug zusammenkramte.

Ich erschrak.

„Hab dich gar nicht kommen hören", sagte ich.

„Du warst in Gedanken", meinte Christine.

„Eher nicht", erwiderte ich. „Da draußen ... die vielen Äste, müsste man die nicht einmal wegräumen?"

Christine schaute mich an und sagte lächelnd: „Creevagh heißt: *der Platz wo die Äste sind*. Paul möchte, dass die Äste bleiben."

„Und John?", fragte ich.

„Dem ist es egal", erklärte Christine, „er hat nach Westen sein Zimmer, er sieht gar nicht aufs Feld hinaus. Außerdem schreibt er die ganze Zeit, oder liest."

„Er schreibt?"

Mein Interesse an John war geweckt.

Zum Tee waren die beiden am Vortag nicht erschienen. Wir hatten beide bis jetzt noch nicht zu Gesicht bekommen.

„Was schreibt er denn?", wollte ich voller Neugier wissen.

„Gedichte", meinte Christine.

„Er ist Dichter?"

„Ja, sogar ein ganz guter, wie die Leute sagen", fuhr Christine fort, „gestern wurde sein neues Buch vorgestellt. Er hatte eine Lesung in Westport."

Ich verfiel in neidvolles Schweigen.

Uta kam in die Küche und meinte, sie sei soweit, wir könnten nun fahren.

Christine erklärte uns den Weg.

„Wenn wir den Arzt auch so erfolgreich finden, wie alles hier in Mayo, dann sehe ich schwarz", meinte Uta und ließ sich auf den Beifahrersitz fallen.

„Ja. God help us", brummelte ich vor mich hin und startete den Motor.

Christine wünschte uns viel Glück und stand winkend in der Auffahrt.

Ihre Beschreibung passte haargenau.

Die „N" drei Kilometer Richtung Norden, am zweiten Kreisverkehr links, dann war es das erste Haus auf der linken Seite. Es stand völlig verwaist an der Hauptstraße.

„Ganz schön einsam", fand Uta.

Ich dachte, dass man so die Schreie der Patienten nirgendwo hörte, sagte aber nichts.

Unter dem Türklopfer stand *Dr. Healy*.

„Ein Arzt, der Healy heißt, da kann ja nichts mehr schiefgehen", grinste ich.

„God help us", meinte Uta tonlos.

Ich forschte in ihrem Gesicht nach einem versteckten Lächeln, entdeckte aber nichts. Sie konnte Späße machen ohne eine Regung im Gesicht. Ein echtes Pokerface.

Kaum hatte ich den Türklopfer losgelassen, wurde auch schon die Türe geöffnet.

Das musste er sein.

Graue buschige Augenbrauen, die in alle Himmelsrichtungen zeigten. Ein Albert-Einstein-Haarschopf, doch kein Doktorkittel. Dass der Mann durch seine beschlagene Brille noch etwas sehen konnte, bezweifelte ich.

Ich wollte ein „God help us" flüstern, ließ es aber bleiben.

Er bat Uta, Platz zu nehmen.

Ich verharrte irgendwo im unbeschreiblichen Chaos des Behandlungszimmers, denn eine weitere Sitzmöglichkeit gab es nicht.

Auf seinem Schreibtisch stapelten sich Unmengen Bücher, wissenschaftliche Lektüre, Romane, sogar Gedichtbände befanden sich darunter. Ich las den Namen *Yeats* auf einem der Buchrücken, während er auf seinem Schreibtisch nach etwas suchte und vor sich hin murmelte.

Warum auch nicht, dachte ich, Ärzte sind auch nur Menschen.

Außerdem war er Ire. Ich hatte in meinem Leben keine anderen Europäer getroffen mit so viel Sinn für die musischen Künste und die Literatur. Gab es überhaupt irgendein anderes kleines Völkchen mit so vielen Literatur-Nobelpreisträgern wie das irische?

Während ich meinen Gedanken nachhing, war Uta eingeschlafen.

Sie saß gekrümmt mit nach vorne gesunkenem Kopf da und schnarchte leise.

Dr. Healy suchte noch immer, riss jetzt mit etwas weniger Geduld die Schubladen des Schreibtisches auf und wühlte darin herum.

Wenn jetzt eine Whiskeyflasche zutage tritt, schnapp ich Uta auf der Stelle und verschwinde von diesem Ort, sagte ich mir gereizt.

Ich überlegte nach einem geeigneten Wortlaut für diese peinliche Situation, fand jedoch keinen und entschied, ihm noch ein paar Augenblicke zu geben, bevor ich auf irgendeine andere Weise handelte. Im Übrigen wollte ich auch Uta nicht aufwecken.

Dann stieß er einen Seufzer der Erleichterung aus und hob sich die Lupe vors Auge, die er gesucht und nun endlich gefunden hatte. Das Ding war beschlagen vom Schmutz.

Völlig klar, dass das Wartezimmer bei unserer Ankunft leerstand und er selbst uns die Türe geöffnet hatte, dachte ich in diesem Augenblick kopfschüttelnd.

Er trat vor Uta, sprach sie an und fasste an ihre Schulter.

Sie fuhr erschrocken auf.

Er meinte, er wolle sich ihren Hals anschauen.

Uta starrte auf die Lupe und hatte offenbar ähnliche Gedanken, wie ich sie gehabt hatte, beim Anblick des Guckglases, das er wohl noch aus seiner Pfadfinderzeit aufbewahrt hatte.

Uta machte „Aaah" und Dr. Healy versuchte irgendetwas in Utas Rachenraum zu erkennen.

Filmreif war das.

Uta erwähnte, dass sie schwanger sei.

Er verschrieb ihr etwas, schüttelte uns die Hände und geleitete uns zur Türe.

Christine las in einem Rilke-Gedichtband, als wir in die Küche traten.

„Na, wie war es?", lächelte sie, verträumt von ihrem Buch aufblickend.

„Er hat ihr das hier verschrieben", sagte ich und warf das Rezept auf den Tisch.

Uta setzte Teewasser auf.

Christine schaute es sich prüfend an.

„Moment", sagte sie, erhob sich und begann in einem der Küchenschränke herumzukramen.

„Aha!", rief sie nach einer Weile, „da haben wir es ja."

Sie kam an den riesigen Küchentisch zurück, wo Uta und ich zu Tee und Keksen vor uns hinschwiegen.

„Ich wusste doch, dass ich das Zeug da habe", meinte Christine und legte ein Päckchen Tabletten vor Uta, „das musst du nehmen, Uta, drei Stück am Tag, bis die Packung leer ist."

Uta schaute sie fragend an.

„Bist du jetzt auch noch Ärztin?", scherzte ich.

„Nein, aber ich will eine werden", meinte sie, „wenn ich nach Österreich zurückgehe."

„Und das Hostel?", fragte Uta.

Christine machte ein ernstes Gesicht und zuckte mit den Achseln.

In diesem Moment sprang die Türe auf und Paul stakste herein, eingewölkt in einen Duft aus frisch gewaschenen Haaren und reichlich aufgetragenem Rasierwasser.

Kein sehr kostspieliges Rasierwasser, wie ich fand.

Zu einer gepflegten Jeans trug er ein leuchtend waldmeistergrünes Hemd, erstarrte, als er uns am Küchentisch entdeckte, blickte an sich hinab und fragte nur: „Is it too green?"

Wir alle lachten.

„Ich muss nach Castlebar", begann Paul, „John hat schon wieder eine Lesung. Er hat

gesagt, wenn ich heute nicht dabei bin, ver-
kauft er seinen Teil des Hauses."

Paul grinste dazu.

„Mit so etwas schockt John einen ständig",
meinte Christine achselzuckend, „irischer
Humor eben."

Als Paul hastig und lärmend Creevagh
House verlassen hatte, wandte sich Uta an
Christine.

„Du magst ihn, oder?"

Christine erschrak, machte ein Gesicht, als
ob sie beim Stehlen oder Lügen erwischt
worden wäre, und errötete.

„Wenn er mich fragt, bleib ich", sagte
Christine.

„Das ist eine gute Idee", meinte Uta.

Auch wir blieben.

Wenn auch nur noch für drei Tage.

Uta erholte sich langsam, Dr. Healy hatte
offenbar richtig diagnostiziert.

Ich fuhr noch einmal zu Moore Hall,
schoss meine Fotos, spürte dem Geist der
Vergangenheit nach und schrieb auf den Stufen Moore Halls eine Handvoll Gedichte.

Zum Abschied brachte uns Christine, die
auch Gitarre spielte, ein gälisches Wiegen-
lied bei.

Wir versprachen uns gegenseitig rege Brieffreundschaft und fuhren zurück nach Galway, wo Uta sich noch ein paar Tage in Marys komfortableren Hostel ausruhen wollte, was wir natürlich nicht sagten.

Galway Mary

Bei Partry bogen wir ab.

Die Berge, groß und halbrund wie Buckelwale, ragten braun und mächtig in die Höhe, umrahmten eine Landschaft, die mir schon vor Jahren die Seele erhoben hatte.

Die Spitze eines Sees tauchte im Seitenfenster auf.

„Ist das der Lough Mask?", erkundigte sich Uta.

„Ich muss schwimmen", sagte ich achselzuckend.

„Aber lass uns nicht so lange bleiben", bemerkte Uta, „ich möchte schnell nach Galway."

„Nur ein paar Minuten."

Ich nahm eine schmale Abzweigung, tiefer ins Tal hinein, von der ich glaubte, dass sie zum Seeufer führte.

Der Weg wurde holprig, von Schlaglöchern übersät.

Uta schaute mich vorwurfsvoll an.

„Wir sind richtig", beteuerte ich.

Bald kamen wir nur noch im Schritttempo voran.

Die Piste nahm kein Ende, bog sich ein ums andere Mal.

Nach fast einer halben Stunde noch immer keine Spur von einem See.

Dafür zu beiden Seiten aufragende Berge, üppige Farnwälder auf den Anstiegen, und ein Himmel, der sich bedrohlich verdunkelte und herabzusenken schien.

„Das gibt Regen", meinte Uta, „wir haben uns verfahren, oder?"

„Mist, ja, ich glaub es fast auch", entgegnete ich, „ich denke, wir vergessen den See für heute."

Plötzlich setzte der Regen ein.

Von einem Moment zum nächsten.

Die Scheibenwischer wurden mit den Wassermassen nicht fertig.

Ich fuhr den Wagen in eine kleine Einbuchtung vor ein Metallgatter und schaltete den Motor aus.

„Wenn wir auf der Hauptstraße geblieben wären, wären wir jetzt vielleicht schon in Galway", beschwerte sich Uta.

Ich schwieg vorsichtshalber.

Zum Glück kein Regen von Dauer, dachte ich, als er wenige Minuten später ebenso abrupt aufhörte wie er begonnen hatte.

„Ab nach Galway", sagte ich.

Wir kämpften uns aus diesem Tal hinaus. Zuletzt orientierte ich mich an dem fahlen Sonnenlicht am westlichen Himmel. In Gegenrichtung musste sich die *National Road* befinden. Straßen und Wege waren hier nur noch in gälischer Sprache ausgeschildert.

„Das muss die Connacht sein", grinste ich versöhnlich.

Jetzt schwieg Uta.

Nach einer Weile fuhren wir in einen Ort hinein.

„Ich hab Hunger", sagte Uta, „lass uns 'ne Kleinigkeit zu Essen besorgen. Vielleicht haben die 'nen Laden hier."

„Klar!", entgegnete ich, „ein paar Sandwiches wären nicht schlecht, wir können ja heute Abend im Hostel etwas Leckeres kochen."

„Spaghetti, meinst du wohl", grinste Uta.

„Du kannst Gedanken lesen!", lachte ich und schmiss die Türe zu.

Eine Querstraße weiter fand ich sogar einen kleinen Supermarkt.

„Hi, wie geht's?", fragte mich die junge Frau hinter der Kasse, als ich eintrat.

Das willst du doch gar nicht wirklich wissen, dachte ich, und warf ihr spaßeshalber genau dieselbe Begrüßung zu.

Sie grinste flüchtig und kümmerte sich gleich wieder um ihre violetten Fingernägel.

Ich kaufte Cheddar, Toast, Schinken, für den Abend Spaghetti und eilte zum Wagen zurück.

Uta war schon wieder eingeschlafen.

Ob wir noch einmal zu einem Arzt sollten?, fragte ich mich.

Ich hatte den Wagen an einer Steigung geparkt, Uta lag bequem, etwas nach hinten geneigt, der Kopf war ihr zur Seite gerutscht.

Während ich im Supermarkt war, hatte sich die Sonne wieder durch die Wolken gekämpft und ließ das Regenwasser auf der Straße verdampfen.

Heute würde ich wohl nicht mehr zum Schwimmen kommen, dachte ich missmutig. Vielleicht sollte ich mich in den nächsten Tagen einmal alleine auf die Socken machen und im Atlantik schwimmen, sagte ich mir.

Auf der Motorhaube breitete ich eine Einkaufstüte aus und bereitete die Sandwichs zu.

Drei Parklücken vor uns parkte ein Traktor mit einem geschlossenen Viehtransport Anhänger, in dem Geräusche zu hören waren.

Hufe auf Holz.

Das Tier musste unruhig sein.

Man spürte es.

In die enge, ansteigende Straße fiel quer das Sonnenlicht. Ich musste die Augen ein wenig zusammen kneifen.

Direkt gegenüber vom Viehanhänger gingen in diesem Moment große Flügeltüren auf. Zwei Männer kamen heraus, angeregt lachend und plaudernd.

Sie zündeten sich Zigaretten an und standen rauchend auf dem Gehweg beieinander. Sie schienen sich über das Vieh im Anhänger zu unterhalten.

Als die beiden Männer aus der Garage gekommen waren, hatte das Tier begonnen, kehlige Laute von sich zu geben und mit den Hufen gegen die Wände des Anhängers zu treten.

Die Männer schauten zum Hänger hinüber, lachten achselzuckend. Wenig später schnippten sie ihre Zigaretten weg.

Einer der beiden ging zum Anhänger. Er löste die Verriegelung, klappte die Rückwand herunter und stieg hinein.

Der Andere beobachtete das Geschehen.

Der hintere Teil des Tieres erschien. Der Mann bugsierte es grob nach draußen.

In den Augen des Tieres flackerte Angst.

Zumindest kam es mir so vor.

Es sträubte sich, bockte.

Der andere Mann ging nun ebenfalls zum Anhänger hinüber und half beim Ziehen.

Jetzt erst bemerkte ich, dass es gar keine Garage war, vor der die beiden Männer rauchend gestanden hatten, sondern ein kleines Schlachthaus.

An den Wänden hingen metallene Geräte, Werkzeuge und Haken, die nur ein Metzger haben konnte.

Der Mann, den ich als Besitzer des Rindes vermutete, gab dem Tier schimpfend einen unsanften Stoß in die Seite.

Das Tier brüllte ängstlich, gab letztlich nach und ließ sich in den Schlachtraum ziehen.

Laut scheppernd fielen die Türen ins Schloss.

Was dort drinnen wohl gerade geschah?

Ein paar Minuten später kam der Farmer wieder heraus. Er steckte sich einen kleinen Stapel Geldscheine in die Hosentasche, sprang grinsend auf seinen Traktor und startete den Motor.

„Hast du was Essbares aufgetrieben?", fragte Uta zum geöffneten Fenster hinaus.

„Hab ich, aber ich hab keinen Hunger mehr", antwortete ich.

„Dafür ich umso mehr", entgegnete sie, „her damit!"

Das Tier ging mir nicht mehr aus dem Kopf. Der Blick seiner Augen. Sein Röcheln und Brüllen. Und das Schlagen der Hufe gegen die Holzwände des Anhängers. Die Szene verfolgte mich lange.

Kaum waren wir unterwegs, schlief Uta wieder ein.

Gut so, dachte ich, ich hatte keine Lust auf ein Gespräch.

Ich schaltete das Radio an, stellte auf leise und fand rasch den gälischen Sender.

Der Song, der gerade gespielt wurde, kam mir bekannt vor, die Melodie.

Wo hatte ich sie schon einmal gehört?

Ich grübelte, während die nasale Männerstimme ihren Weg durch den Song fand.

Natürlich, das war es!

Es fiel mir wieder ein.

In Drumshanbo, ein Jahr zuvor, aber ja!

Uta und ich waren durch die Grafschaft Leitrim gefahren und hielten, um im Lough Allen zu schwimmen, in Drumshanbo.

Wir hatten von dem örtlichen Musik-Wettbewerb mit anschließendem Galaabend im Schulhaus erfahren, nahmen uns deshalb für eine Nacht ein Zimmer in einem B&B außerhalb der Stadt und blieben erst einmal.

Am Morgen des Wettbewerbs fuhren wir schon früh zum Schulhaus, um sämtlichen Disziplinen beiwohnen zu können.

Uta und ich trennten uns im Schulhaus. Ich wollte unbedingt zu den Sängerinnen und Sängern, sie zu den Akkordeons.

Auf einem handgeschriebenen Plakat auf einer Klassenzimmertüre im ersten Stock entdeckte ich den Hinweis: *Vocal-Contest!*

Gespannt trat ich ein.

Gerade sang ein etwa zwölfjähriges blondes Mädchen engelsgleich in glasklaren Höhen ein irisches Volkslied.

Ich sah, wie gerührt und entzückt die drei älteren Damen des Gremiums der Stimme lauschten, und wusste, das Mädchen würde gute Chancen auf einen Sieg haben.

Sie traf zwar jeden Ton nahezu perfekt, doch ihr fehlte das gewisse Etwas im Ausdruck, das nötige Feeling, wie ich fand.

Sie wurde mit viel Beifall und kopfnickendem Gremium verabschiedet.

Nach ihr betrat ein kleines, vielleicht neun- oder zehnjähriges Mädchen die Bühne. Sie begann ebenfalls a cappella zu singen. Sie hatte ihr Lied hervorragend gewählt. Viel irischer Schmerz steckte in der Melodie.

Stimme und Vortrag des kleinen, dunkelhaarigen Mädchens transportierten ihn mitten in meine Seele. Sie phrasierte ganz wundervoll. Hörte man da nicht eine Spur Blues heraus, oder Soul?

Ich bekam beim Zuhören eine Gänsehaut und Tränen in die Augen.

Besser ging es für mich nicht.

Ich spendete reichlich Beifall, und länger als alle anderen.

Man drehte sich nach mir um.

Die Kleine gewann Platz 2.

Gewinnerin des Ersten Preises war die Engelsstimme.

Nach der Preisverleihung hielt es mich nicht länger auf meinem Stuhl. Ich sprang auf und kämpfte mich nach vorne zu den Preisträgerinnen durch.

Bei ihr angelangt, sagte ich ihr, dass sie meiner Meinung nach Platz Eins verdient hätte und dass das Gremium keine Ahnung von Musik habe.

Sie wurde rot, lächelte verlegen und wandte sich ihren Freundinnen zu.

Als Uta und ich am nächsten Tag noch ein paar Dinge im Dorfladen einkauften, sah ich die kleine Sängerin auf der anderen Straßenseite mit einer Horde Mädels.

Sie entdeckte mich und winkte mir zu meinem Erstaunen lächelnd zu. Ich erwiderte ihr Lächeln und zeigte den Daumen nach oben. Dann wandte sie sich wieder ganz ihren Freundinnen zu.

Sie hatte den Song weit ergreifender gesungen als der Bursche im Radio in diesem Moment.

Hoffentlich ist sie Musikerin geworden, dachte ich, während wir auf die ersten Häuser Galways zufuhren.

Mary unterhielt sich gerade mit einer Nachbarin vor dem Haus, als wir in ihre Straße fuhren. Ihr Hostel war eine Vier-Zimmer-Wohnung in einem Mehrfamilienhaus etwas außerhalb vom Zentrum Galways. Sie winkte, als sie uns in dem alten Benz entdeckte.

Uta wachte auf, stieg lächelnd aus.

Mary gab ihr ganz förmlich, aber lächelnd die Hand.

„Schön, dass ihr wieder da seid", meinte sie, „und ihr habt Glück, zur Zeit ist nur ein Zimmer belegt. Ein armer Tropf liegt seit einer Woche mit einer schlimmen Erkältung im Bett. Ich pflege ihn ein bisschen. Er ist ganz traurig, musste deshalb seine Fahrradtour abbrechen. Er ist ein Landsmann von euch."

Uta und ich schauten uns schmunzelnd an. Das heißt, ich schmunzelte, sie blickte besorgt drein.

Wir beide vermuteten wohl dasselbe.

Mary schloss die Wohnungstüre auf. Es roch frisch gelüftet. Die Räume waren kühl. Mary öffnete eine der Zimmertüren und sagte, zu uns gewandt: „Vielleicht kennt ihr ihn ja."

Im abgedunkelten Zimmer mussten sich unsere Augen erst einmal an die Lichtverhältnisse gewöhnen.

Tatsächlich, im Bett kauerte Kosta, bis an die Kinnspitze zugedeckt. Ich erkannte ihn an seinem Lockenkopf. Ein wahrer Berg Papiertaschentücher häufte sich neben seinem Bett an. Die Luft, abgestanden und muffig.

„Ich glaube, wir müssen mal ein bisschen frische Luft hereinlassen!", rief Mary, zog die Vorhänge zur Seite und öffnete lautstark die beiden Fenster.

Kosta zuckte zusammen, entdeckte uns im Türrahmen und begann erleichtert zu lächeln.

„Oh Mann, ihr glaubt gar nicht, wie ich mich freue, euch zu sehen", sagte er mit rauer, verschnupfter Stimme und musste niesen.

The Holy Ground

Zwei rasend schnelle Tage in Galway standen uns bevor. Anekdotenaustausch und Kochen mit Kosta, der sich ebenso rasend erholte, nachdem wir eingetroffen waren.

„Ab jetzt werde ich nur noch krank, wenn ihr in der Nähe seid", bemerkte er scherzhaft.

Kosta hatte Risotto gekocht und wir aßen es ihm weg.

„Am besten gar nicht mehr", lächelte ich kauend, „dann fährst du schön mit deinem Rad durch Irland und wir mit deinem Benz."

„Was habt ihr als Nächstes vor?", fragte Kosta.

„Wir wollen auf den Groagh", antwortete ich.

„Groagh Patrick!", rief er aus. „Wollt ich auch schon immer mal. Ihr müsst gutes Wetter erwischen. Passiert nicht allzu oft da oben. Die Leute erzählen, das letzte Stück sei mörderisch."

„Glaub ich nicht", entgegnete ich, „da kriechen doch sogar die Wallfahrer auf den Knien hoch."

„Die haben sie ja auch nicht mehr alle", meinte Kosta und biss in einen Schokoriegel. Er liebte englische Schokolade. Dass sie derart nach Kühen roch und schmeckte, gefiel ihm am besten.

Wir verabredeten, dass wir uns in einer Woche wieder hier bei Mary treffen wollten.

Kosta wollte unbedingt noch ein Brettspiel spielen. Ich verkrümelte mich derweil schnell in unsere Bude und schrieb.

Arme Uta, dachte ich einen Moment, und grinste.

Am nächsten Morgen war Kosta schon losgeradelt, als wir zum Frühstück in der Küche erschienen.

Schade, dachte ich, sein Humor wird mir fehlen.

Nicht vom Berg fallen stand von Hand geschrieben auf einem Zettel auf dem Küchentisch, *bis nächste Woche!*

Diesmal fuhren wir nur am Rande Connemaras entlang und nicht hindurch, hielten in Ballinrobe für Fish'n'Chips und steuerten direkt auf Westport zu.

Wir stoppten nicht einmal in Westport, um uns dieses kleine schmucke Städtchen anzuschauen.

„Ich möchte morgen fit sein", beteuerte Uta, „Westport schauen wir uns übermorgen an."

Unmittelbar am Fuße des Groagh Patrick mieteten wir uns in einem B&B ein.

Als wir unsere Sachen ins Zimmer trugen, lag der Gipfel des Groagh Patrick im Nebel verborgen.

„Traust du dir die Tour überhaupt zu?", fragte ich Uta und deutete auf ihren Bauch.

„Ich bin nur schwanger", meinte sie, „mir geht es gut."

Uta packte am frühen Abend ihren Wanderrucksack und ging früh schlafen.

Am nächsten Morgen rappelte in aller Frühe der Wecker.

Leichtes Gepäck, hatte ich vorgeschlagen, wegen der Anstrengungen während des steilen Anstieges. Utas Rucksack erfüllte die Vorraussetzungen perfekt. Die Wetterlage hätte nicht besser sein können.

„Ein Tag wie für die Postkarte!", rief Uta mir vom Parkplatz des Hostels aus zu, als ich aus dem Haus trat.

Sie stand schon ungeduldig an Kostas altem Benz und wippte von einem Bein aufs andere.

Über dem klaren Gipfel des Groagh Patrick dehnte sich ein azurblauer Himmel. Die Sonne stand noch tief, würde erst gegen Mittag über den Berg gewandert sein und ihr Licht in die Bucht werfen.

Auf dem Touristenparkplatz am Fuße des Berges standen nur eine Handvoll Autos.

„Kein Wallfahrtstag", sagte ich lächelnd, an Uta gewandt.

Sie blickte schweigend den gewundenen Aufstieg hinauf und prustete los.

„Das wird nicht leicht", bemerkte sie.

„Mit einem Gebrechen wäre es sicherlich einfacher", versuchte ich zu scherzen.

Uta schaute mich ausdruckslos an: „Hä?"

„Egal", sagte ich und setzte meinen Rucksack auf.

Wir kamen nur langsam voran.

Der Aufstieg ging in die Beine, schmerzte in den Waden.

„Alles gut?", fragte ich.

„Alles gut!", bestätigte Uta.

Dann verfielen wir für längere Zeit in Schweigen, schienen vor Anstrengung nicht mehr reden zu wollen. Nur der Rhythmus unseres Atems war zu hören. Und unsere Schritte auf dem Schotter.

Ein älterer, sehr hagerer Mann kam uns entgegen, schritt beschwingt und weit aus. Spazierstock, Rucksack, Hut und Lächeln. Alles da, was einen gutgelaunten Wanderer ausmachte.

„Vielleicht wurde er von einem Gebrechen geheilt", bemerkte ich.

„Blödmann", grinste sie.

Er grüßte und lächelte uns zu, meinte, wir hätten schon das erste Drittel unseres Weges geschafft.

Uta hielt inne.

„Wird es noch anstrengender?", fragte sie ihn.

Er blieb ebenfalls stehen.

„So genau kann ich das gar nicht mehr sagen", meinte er, „wissen Sie, ich wandere seit dreißig Jahren jeden Tag diesen Berg hinauf bis zum Gipfel und ich sammle allen Müll auf, der herumliegt. Für mich ist es nicht mehr anstrengend."

Für einen Moment hörte ich auf zu atmen und starrte den Mann an.

„Jeden Tag?", fragte Uta verdutzt.

„Jeden", bestätigte er.

„Lohnt sich die Müllsuche?", fragte ich.

„Leider", sagte er, „es ist eine Schande. Dieser Berg ist heilig. Ich verstehe diese Menschen nicht. Sie?"

Uta schüttelte den Kopf.

Er wünschte uns einen schönen Tag, tippte mit dem Stock an seinen Schlapphut und ging lächelnd weiter.

„Der ist schon geheilt!", lachte ich.

Wir setzten uns auf einen großen Stein.

Schweigend blickten wir hinunter in die Bucht, die allmählich aus der Vogelperspektive zu sehen war, und nahmen ein paar Schlucke aus unseren Getränkeflaschen.

Nur der leise Wind war zu hören. Die ersten vorgelagerten Inselchen erschienen im blaugrünen Wasser. Ein Vorgeschmack der Schönheit, die uns am Gipfel erwartete, dachte ich.

Dann waren von oben her Geräusche zu vernehmen. Schritte, und ein konstantes Klackern. Wir schauten beide neugierig den Weg hinauf.

Hinter einer nahen Wegbiegung kam ein sehr schwerer hinkender Mann mit einem Krückstock den Berg herunter.

Er sah angestrengt, fast gequält aus. In seinem erröteten Gesicht lief der Schweiß in Rinnsalen davon.

Ich wollte gerade eine spöttische Bemerkung über den offensichtlichen Misserfolg *seiner* Wallfahrt loswerden, als Uta mir dazwischen fuhr und meinte, ich solle jetzt nichts sagen.

Er hatte Mühe, die Balance zu halten, sein Krückstock glitt unentwegt auf dem Geröll aus, suchte Halt und fand kaum welchen.

„Sieht nicht gut aus", flüsterte ich Uta zu.

Sie wiegte besorgt den Kopf.

Als der Mann nur noch wenige Meter von uns entfernt war, passierte es. Sein Krückstock glitt auf einem größeren Stein aus, rutschte gänzlich davon, er verlor das Gleichgewicht, wankte, und fiel steif wie ein abgesägter Baum der Länge nach aufs Gesicht. Er versuchte nicht einmal sich abzufangen oder sein Gesicht zu schützen.

Sein Krückstock glitt den Hang hinunter.

Nicht die geringste Reaktion.

Im Moment des Aufpralls schrie er vor Schmerzen. Er rutschte noch ein gutes Stück, auf dem Bauch und Gesicht liegend, den Berg hinunter.

Es sah fürchterlich aus.

Uta sprang auf und rannte zu ihm hin. Ich folgte ihr.

Stöhnend versuchte der Mann sich aufzurichten und auf die Seite zu drehen. Ich konnte nicht in dies blutüberströmte, verletzte Gesicht schauen.

Wir halfen ihm auf, ich kletterte den Hang hinunter, um den Krückstock zu holen.

„Wir müssen ihm nach unten helfen", sagte Uta, als ich mit dem Krückstock zurück war.

Der Mann meinte, er könne alleine weitergehen, machte den ersten Schritt und wankte wie ein Betrunkener.

Schmerztrunken, schoss es mir durch den Kopf.

„Ich geh doch jetzt nicht wieder hinunter, nur weil … ", sagte ich, „ich bin hier, weil ich auf den Gipfel dieses Berges will."

„Bist du verrückt", fuhr Uta mich an, „der Mann braucht Hilfe. Er braucht uns jetzt!"

Der Mann war einfach zu Boden gesunken, saß schweigend da und wischte sich nicht einmal das Blut aus dem Gesicht.

Schock, dachte ich.

Ich überschlug kurz die Wirkung verschiedener Reaktionen auf dieses Ereignis hier und wandte mich dann gefasst an Uta.

„Ich werde jetzt zum Gipfel steigen", sagte ich, „deshalb bin ich hier, und nichts und niemand bringt mich davon ab."

Ich machte eine kleine Pause.

„Jedenfalls kein Wallfahrer", fuhr ich fort. „Wenn er so naiv ist, mit einem Hinkebein und einer Krücke den Groagh Patrick zu besteigen, muss er jetzt auch hier durch."

„Ich weiß ja, dass du ein richtiger Egozentriker sein kannst, aber das ist wirklich die Höhe!", zischte Uta.

Der Mann machte Anstalten aufstehen zu wollen, ächzte und stöhnte.

„Ich werde ihn hier runterbegleiten", sagte Uta, half dem Mann auf und stützte ihn bei den ersten Schritten.

„Du musst schauen, wie du heimkommst", sagte Uta über die Schulter hinweg, „ich bring den Mann zum Arzt. Bis heute Abend."

Sie schaute sich nicht einmal mehr um.

Ich ging bergauf, blickte zurück.

Der Mann ging nun wieder alleine. Uta legte die Hand unter seinen gebeugten Arm.

Ja, bis heute Abend, dachte ich verärgert.

Aber vielleicht war es auch besser so. Wer weiß, wann Uta vor Anstrengung abgebrochen hätte.

Doch noch einmal zurückschauen hätte sie wenigstens können, sagte ich mir.

Ich versuchte, Uta und den Mann aus meinen Gedanken zu verdrängen. Es war Utas Entscheidung, mit dem Mann abzusteigen. Heilige Quellen, Heilige Berge, blutende Madonnen, diese Wallfahrtsorte konnten mir gestohlen bleiben. Ich wollte einfach nur auf diesen Berg.

Nicht, weil angeblich der heilige Patrick vierzig Tage und Nächte auf dem Gipfel verbracht hatte, das glaubte sowieso kein Mensch, sondern weil ich die Clew Bay mit ihren Hunderten Inselchen einmal von oben sehen wollte.

Etwa eine Stunde später kam der Gipfel in Sicht.

Doch zuvor musste man über Felsbrocken klettern, die wie durch eine Explosion in riesengroßen Stücken aus dem Berg gerissen worden waren.

Sie lagen überall, Stein über Stein, Brocken über Brocken, niemand hatte sie je weggeräumt und den Gipfel damit um ein

Vielfaches zugänglicher gemacht. Wie ein breiter Gürtel lagen sie um den Gipfel und versperrten den Weg nach oben.

Ich überlegte, dass dies wohl zu den gewollten Beschwernissen einer anständigen Wallfahrt gehören musste. Ausgedacht hatte sich das hoffentlich niemand.

Ich dachte an den Mann, der uns vor einer Stunde vor die Füße gestürzt war. War er etwa mit seiner Krücke und dem kranken Bein auch hier hoch geklettert?

Ein Wahnsinn. Und musste ungeheilt wieder absteigen.

Vielleicht hatte er schon des Öfteren diese Tortur auf sich genommen, um von seinem Leiden geheilt zu werden?

Er tat mir jetzt fast ein wenig leid.

Als ich endlich auf dem Gipfel angekommen war, schnaufend, ein wenig erschöpft und verschwitzt, verharrte ich vor St. Patricks Bed.

Hier soll er also gelegen haben.

Wind und Wetter, Sturm, Regen und Kälte ausgesetzt, vierzig Tage und Nächte lang.

Eine miese Sache, fand ich, Jesus zu kopieren, um den Menschen dort unten Respekt einzuflößen.

Mit einer Lügengeschichte etwa?

Doch St. Patrick als Lügner zu bezeichnen, so weit wollte ich dann doch nicht gehen. Das sollte ein anderer überprüfen. Der, mit dessen Auftrag er vom Berg zurück gekommen war, vielleicht.

Ich dachte an die Weisung, die Gott ihm angeblich aufgetragen hatte. Der heilige Patrick hatte es sehr ernstgenommen, im Auftrag des Herrn alle Schlangen auf der Insel töten zu lassen.

Ich hatte tatsächlich noch nie eine Schlange in Irland gesehen. Nicht einmal eine Blindschleiche.

Am Rand des Gipfels traute ich meinen Augen kaum.

Noch immer spannte sich eine weite sonnendurchflutete Bläue über Mayo. Die Sonne stand hoch, übergoss die Bucht mit wunderbarem Glanz. Im tiefsten Meerblau schwammen überall die kleinen leuchtend grünen Inseln.

Drüben, auf der anderen Seite der enormen Bucht, erhoben sich im Hintergrund die Berge des Nephin Beg Range-Gebirges. Weiter draußen, im Atlantik, ragte die Nasenspitze Achill Islands in die blaue Einsamkeit.

Ich konnte den Blick nicht abwenden. Ich begann, mit mir selbst zu sprechen. Oder mit einem unsichtbaren Gegenüber. Vielleicht auch mit der abwesenden Uta.

Ich musste über diese Schönheit sprechen, musste sie in Worte fassen. Sie laut aussprechen.

Well, The Holy Ground, flüsterte ich immer wieder vor mich hin.

Gut zwei Stunden hockte ich da, aß meinen spärlichen Proviant, trank hin und wieder ein paar Schlucke, schaute nur, und schrieb ein einziges Gedicht, bewegt und fasziniert vom Anblick.

Es hatte sich unbemerkt hinter meinem Rücken zusammengebraut.

Zuerst bemerkte ich nur den kühlen Wind, der mir in den Rücken blies. In sprichwörtlicher Windeseile hatte er graue Regenwolken vor sich her getrieben. Sie krallten sich am Gipfel fest. Das Wetter schlug innerhalb weniger Minuten völlig um.

Der Wind wurde stärker, kälter.

Ein neuer Wind kam hinzu, von irgendwo aus Island oder Grönland, wie mir schien, so kalt blies er mir entgegen. Ich begann zu frieren.

Binnen kurzer Zeit steckte der Gipfel in undurchdringlichem Grau. Man konnte keine fünf Meter weit mehr sehen.

Es stürmte los.

Dann begann es zu regnen.

Stecknadelkopfgroße Tropfen schlugen aus den Wolken. Und genau so fühlten sie sich an. Kleine schmerzende Nadelstiche.

Längst hatte ich zusammengepackt, meine Regenjacke angezogen. Einen Platz zum Unterstehen gab es nicht.

Ich verbarg mich auf Knien, so gut es ging, hinter dem nicht allzu hohen Monument des St. Patrick. Bald war ich total durchnässt, fluchte vor mich hin, brüllte vor Wut, und versuchte mein Gesicht vor den niedersausenden Nadelstichen zu schützen.

Wie der heilige Patrick wohl diese Art Unannehmlichkeiten ertragen hatte, fragte ich mich, und war mir sicher, dass er es hier oben keine vierzig Tage und Nächte ausgehalten haben konnte.

Schon gar nicht in einem dünnen Mäntelchen, wartend, ob etwas Essbares dahergelaufen kam, das man sich ungebraten in den Mund stopfen konnte.

Zum Glück war Uta nicht dabei.

Ich überlegte, ob nur hier oben der Winter ausgebrochen war und ob Uta dort unten in der Bucht am sonnigen Sandstrand saß und Tee mit viel Honig aus einem Pappbecher trank.

Der Regen wurde immer schlimmer. Der unangenehme, feindselige *drizzle* hatte sich in brutalen *heavy rain* verwandelt.

Nass und durchgefroren bis auf die Knochen entschied ich mich nach ungefähr einer Stunde dafür, den Abstieg zu wagen.

Ich kroch und robbte über das nasse, glitschige Felsgestein, während es von oben unaufhörlich weiter schüttete. Selbst das Fluchen war mir mittlerweile vergangen. Jetzt ging es nur noch darum, an einem Stück von diesem Berg wieder herunterzukommen.

Auf dem nassen Geröll des Wanderweges nicht auszurutschen beschäftigte mich derart, dass ich kaum noch merkte, wie stark ich vor Kälte am ganzen Körper zitterte. Der Gedanke, in diesem Zustand zu Fuß die vier Kilometer zum B&B gehen zu müssen, ließ mich fast verzweifeln.

Ich würde rennen, sagte ich mir, am besten die gesamte Strecke.

Rennen, bis mir die Lunge ausbrannte und die Hitze meines Körpers die Nässe verdampfen ließ.

Solchen und ähnlichen Blödsinn redete ich mir ein, um mir Mut zu machen.

Dann durchbrach ich eine Wettergrenze, trat aus Wolken und Nebel heraus.

Wie Phönix, dachte ich grinsend.

Der Regen ließ nach, stoppte, nur noch graue Wolkenfetzen hier und da, die ängstlich abtrieben oder von der Sonne verdampften.

Geschafft!, dachte ich aufatmend.

Unter mir die nahende Bucht. Hoffnungsvolles Grün und Braun, in das ich hinein wanderte.

Auf dem Parkplatz entdeckte ich voller Freude den alten Benz.

Uta stieg aus, winkte mir mit besorgter Miene zu, eine Thermoskanne in der Hand.

Und wo es Tee gab, war auch eine Packung Kekse nicht weit, dachte ich erleichtert.

Ich winkte lächelnd zurück und spürte einen Glücksschauer in mir aufsteigen.

Nachtrag

In der Kiste mit Fotos, allerlei Aufzeichnungen, einer halbzerrissenen Irlandkarte und Notizen von damals habe ich einen handgeschriebenen Brief entdeckt, den ich Uta geschrieben, aber nie überreicht habe.

Noch einmal lese ich ihn und sehe vieles wieder vor mir:

Zuletzt schließe ich die Augen, erwarte die Nacht, und werde ihn wohl riechen, den Geruch Irlands, den Geruch des Torffeuers, der alles einnimmt und durchdringt mit seiner Schwere.

Und vielleicht auch meinen Traum; so wie er mein Leben durchdrungen hat.

Selbst in Derry, der geteilten Stadt, zwischen den eng gedrängten Häuserblocks ziehen unverkennbar Schlieren brennenden Torfes dahin.

Graue, beißende Rauchschwaden.

Wie viele Städte mochten wir gesehen, durchfahren haben?

In manchen für Fish'n'Chips Station gemacht oder eine Kanne Tee. In anderen etwas länger. Menschen kennen gelernt, geredet, gelacht. Mag sein auch etwas Bleibendes zurückgelassen. So wie auch wir von manchen Orten und Begebenheiten Bleibendes in uns tragen.

Doch eines ist ihnen gleich, all diesen irischen Städten und Dörfern: der Geruch nach brennendem Torf!

Und während der breite Fluss Derry in einen englischen Süden und einen irischen Norden teilt, sehe ich uns sitzen bei unseren Teetassen und den Versuchen, ein paar wenige Brocken irischer Sprache aus Pauls und Roisins Mund nachzusprechen.

Schroff und kehlig klingt sie, die Sprache der Kelten, als ob man versuchte, einen Stein zu schlucken.

„Gor a maith agait" heißt Danke.

Alle lachen, weil ich mir fast die Zunge dabei verschluckte.

Auf Wiedersehen heißt „Slán".

Und da ist es wieder, das wunderschöne irische Wort für Torf: MONA.

Inhalt: